漢字の組み立て(1)

(三年生で習った漢字)

学習日 月 日　とく点 点

1 次の□の部分に注意して、□に合う同じ部分をもつ漢字を、□から選《えら》んで書きましょう。（一つ4点）

□（へん）

板・代・柱・仕
泳・係・注・湯

(1) 木（きへん）…ゆか 板《いた》・□《はしら》

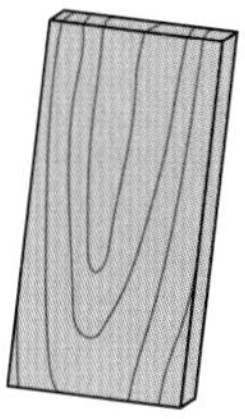

(2) 亻（にんべん）…代《だい》表《ひょう》・□《し》事《ごと》・□《かかり》

(3) 氵（さんずい）…水《すい》□《えい》・□《そそ》ぐ・お□《ゆ》

□（つくり）

動・都・助・部

力（から）…□《たす》ける・□《どう》物《ぶつ》

阝（ざと）…□《と》会《かい》・□《ぶ》分《ぶん》

2 □に同じ部分をもつ漢字を書きましょう。（一つ5点）

(1) 木（きへん）…□《はしら》に横《よこ》□《いた》を取り付《つ》ける。

(2) 亻（にんべん）
クラスの□《だい》表《ひょう》を選《えら》ぶ。
□《かかり》の□《し》事《ごと》。

(3) 氵（さんずい）
水《すい》□《えい》を練習する。
お□《ゆ》を□《そそ》ぐ。

(4) 力（ちから）…小さな□《どう》物《ぶつ》を□《たす》ける。

(5) 阝（おおざと）…□《と》会《かい》の緑地□《ぶ》分《ぶん》。

おもしろことばメモ
「一堂《いちどう》に会する」というのは，「同じ場所や建物《たてもの》に集まる」という意味だよ。「一同（全員という意味）」ではなく，「一堂《いちどう》」と書くよ。

漢字の組み立て(2)

（三年生で習った漢字）

学習日　月　日　とく点　点

1 次の■の部分に注意して、□に合う同じ部分をもつ漢字を、［　］から選《えら》んで書きましょう。（一つ4点）

落・悲・客・庭・運・想・安
進・感・葉・開・送・庫

（かんむり）（あし）（にょう）（たれ）（かまえ）

(1) 艹（くさかんむり）…落《お》ちる・□《は》っぱ

(2) 宀（うかんむり）…□《あん》心《しん》・お□《きゃく》

(3) 心（こころ）…□《かな》しい・□《かん》□《そう》

(4) 辶（しんにょう／しんにゅう）…□《すす》む・□《うん》□《そう》

(5) 广（まだれ）…車《しゃ》□《こ》・□《にわ》

(6) 門（もんがまえ）…□《あ》ける

2 □に同じ部分をもつ漢字を書きましょう。（一つ5点）

(1) 艹（くさかんむり）…かれ□《は》・□《お》ち□《ば》

(2) 宀（うかんむり）…□《あん》心《しん》してお□《きゃく》が買う。

(3) 心（こころ）…□《かな》しい物語の□《かん》□《そう》文《ぶん》。

(4) 辶（しんにょう／しんにゅう）…次のますに□《すす》む。／□《うん》□《そう》会社のトラック。

(5) 广（まだれ）…□《にわ》に車《しゃ》□《こ》をつくる。

(6) 門（もんがまえ）…まどを□《あ》ける。

わくわく情報　梅《うめ》ぼしやレモンなどがすっぱいのは「さん（酸）」がふくまれているからだよ。よく使われる「さん味がきいている」の「さん」は，このことだよ。

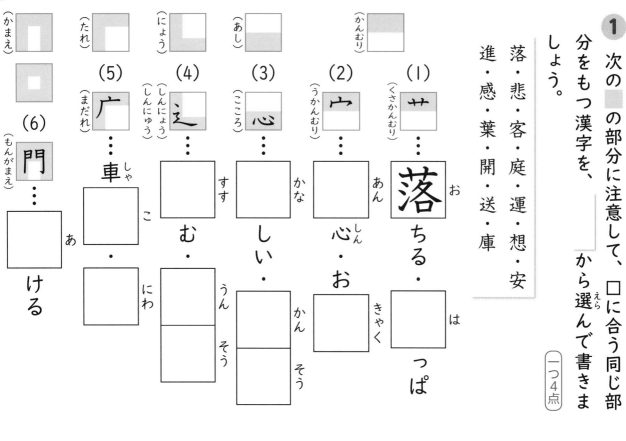

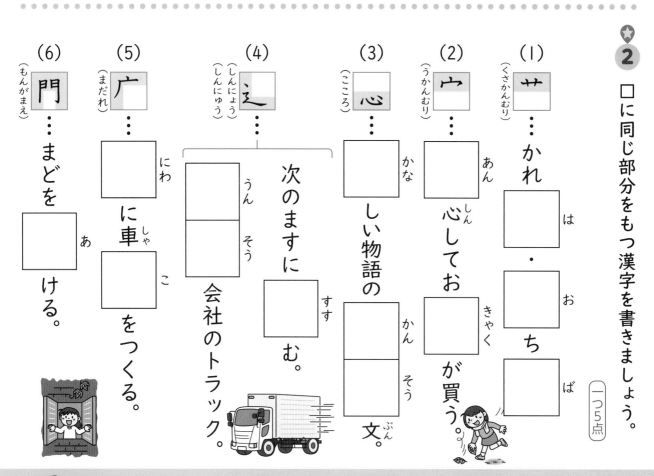

国語 3回

漢字の組み立て(3)

（三年生で習った漢字）

学習日　月　日　とく点　点

1

漢字の同じ部分の形と意味に注意して、□に合う漢字を［　］から選《えら》んで書きましょう。（一つ3点）

(1) 氵（さんずい）…（水やえき体に関係《かんけい》があるものが多い。）

泳《およ》ぐ・□《なみ》・□《あぶら》

□《なが》れる・□《ふか》い・□《みずうみ》

［泳・流・深・波・油・湖］

(2) 扌（てへん）…（手や手の働《はたら》きに関係《かんけい》があるものが多い。）

□《う》つ・□《な》げる・□《ひろ》う・□《ゆび》

［打・指・投・拾］

(3) ⺮（たけかんむり）…（竹や竹で作った物に関係《かんけい》があるもの が多い。）

□《ふえ》・□《ふで》・□《はこ》

［箱・笛・筆］

2

(1)〜(3)の□には、それぞれ同じ部分をもつ漢字が入ります。□に漢字を書きましょう。（一つ4点）

(1) □《な》げた球を□《う》つ。球を□《ひろ》う。

(2) □《なみ》に□《なが》される。□《ふか》い□《みずうみ》。

(3) □《ふえ》と□《ふで》□《ばこ》をかばんに入れる。

3

上の部分をもつ漢字は、下のどんな事がらと関係《かんけい》がありますか。下から選《えら》んで――線《せん》で結《むす》びましょう。（一つ7点）

(1) 艹（葉・茶・花）・

(2) ⺮（箱・筆・笛）・

(3) 氵（港・湖・流）・

(4) 扌（持・拾・投）・

・「水」に関係《かんけい》がある。

・「草」に関係《かんけい》がある。

・「手」に関係《かんけい》がある。

・「竹」に関係《かんけい》がある。

おもしろことばメモ　「なさけは人のためならず」は，「なさけは人のためにならない」ではなく，「人になさけをかければ回り回って自分のためになる」という意味だよ。

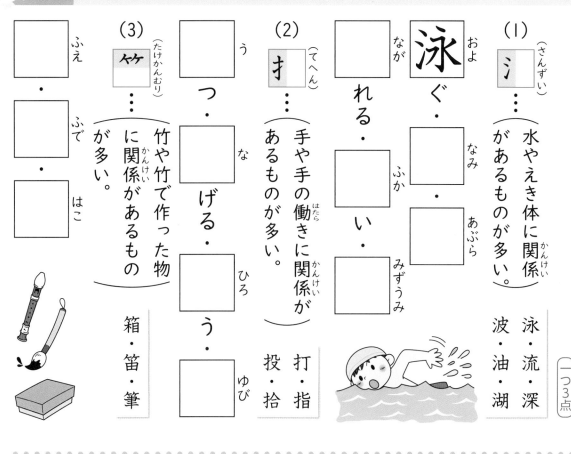

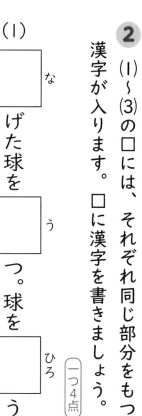

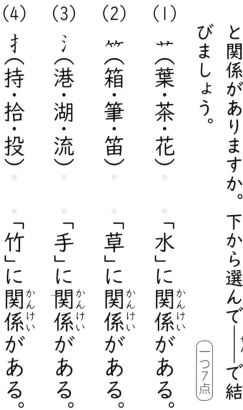

形がにている漢字

（三年生で習った漢字）

学習日　月　日　とく点　点

1

上の◯の部分の形に注意して、□に合う漢字を「」から選《えら》んで書きましょう。（一つ3点）

(1) 血・皿

□《さら》

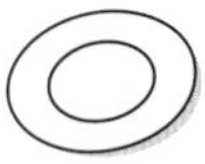

□《ち》

(2) 持・待

□《ま》つ

□《も》つ

(3) 申・由

自《じ》□《ゆう》

□《もう》しこむ

(4) 役・投

げきの□《やく》

□《な》げる

(5) 陽・場・湯

工《こう》□《じょう》

お□《ゆ》

太《たい》□《よう》

(6) 童・意・章

□《どう》話《わ》

文《ぶん》□《しょう》

□《い》見《けん》

2

形に注意して、□に漢字を書きましょう。（一つ5点）

(1) 自《じ》□《ゆう》に□《もう》しこみができる。

(2) □《さら》をわって指先から□《ち》が出る。

(3) かばんを□《も》って駅で□《ま》つ。

★3

――線《せん》の漢字は、形がにている別《べつ》の漢字とまちがえています。正しい漢字を書きましょう。（一つ7点）

(1) 太《たい》場□の熱《ねつ》を利用《りよう》してお陽□をわかす。

(2) 文《ぶん》童□を読んでから章□見《けん》を言う。

わくわく情報《じょうほう》　ジャガイモの芽《め》にはソラニンというどくがある。生で食べるとはいたり，おなかをこわしたりすることがあるので，食べられないよ。

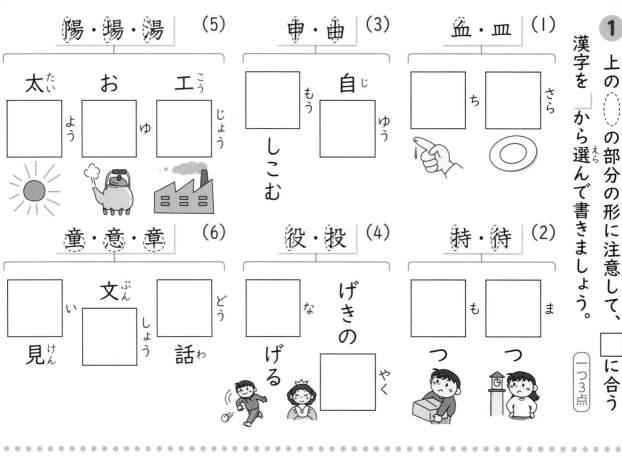

同じ読み方の漢字

（三年生で習った漢字）

学習日　月　日　とく点　点

1 意味に注意して、同じ読み方（訓《くん》）の漢字を、□から選《えら》んで書きましょう。（一つ4点）

(1) 葉・歯

木《こ》の葉《は》

白い□《は》。

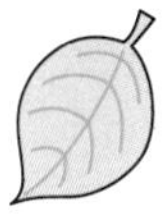

(2) 身・実

木《こ》の□《み》

黄《き》□《み》

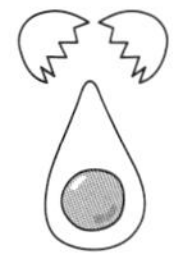

(3) 者・物

食《た》べ□《もの》

人《にん》気《き》□《もの》

(4) 上・登

川を□《のぼ》る。

山に□《のぼ》る。

(5) 切・着

紙を□《き》る。

服を□《き》る。

(6) 放・話

母に□《はな》す。

鳥を□《はな》す。

(7) 返・帰

家に□《かえ》る。

はね□《かえ》る

(8) 明・開

夜が□《あ》ける。

戸を□《あ》ける。

2 次のように読む漢字を書きましょう。（一つ5点）

(1) かえ（る）

五時に□る。

はね□る

(2) は

木《こ》の□

□ブラシ

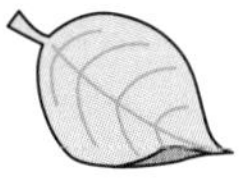

(3) み

どんぐりの□。

たまごの黄《き》□。

(4) もの

人《にん》気《き》□になる。

食《た》べ□を買う。

おもしろことばメモ

ことわざには，「馬の耳に念仏《ねんぶつ》（馬に念仏《ねんぶつ》を聞かせてもそのありがたみが分からず，むだであること）」など，動物の名前が入ったものがたくさんあるよ。

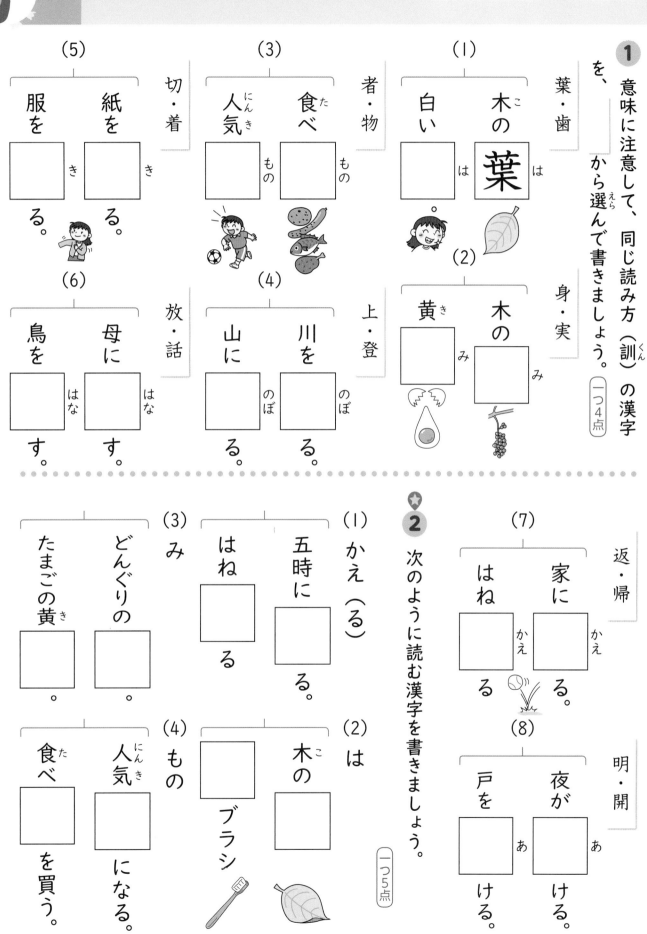

反対の意味のことば

（三年生で習った漢字）

学習日　月　日　とく点　点

1

次の反対の意味を表すことばを読んでから、□に漢字を書きましょう。（一つ4点）

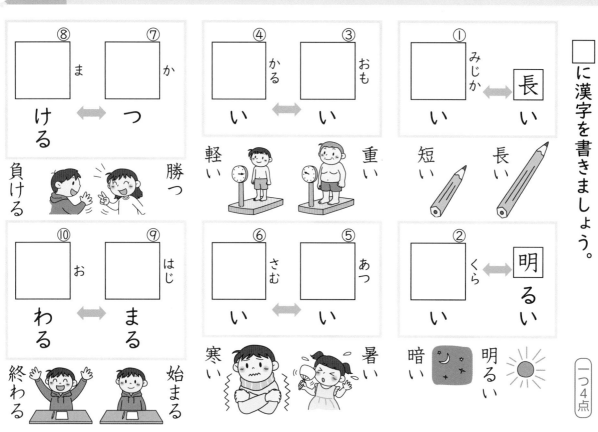

① 長い ⟷ □《みじか》い

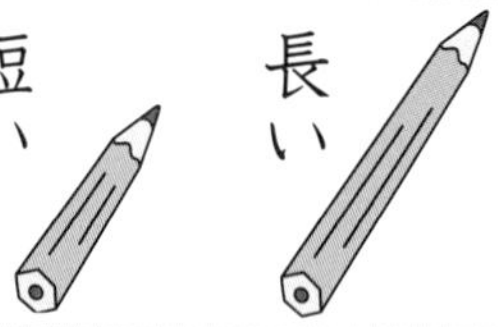

長い　短い

② 明るい ⟷ □《くら》い

明るい　暗い

③ □《おも》い ⟷ ④ □《かる》い

重い　軽い

⑤ □《あつ》い ⟷ ⑥ □《さむ》い

暑い　寒い

⑦ □《か》つ ⟷ ⑧ □《ま》ける

勝つ　負ける

⑨ □《はじ》まる ⟷ ⑩ □《お》わる

始まる　終わる

2

反対の意味のことばを──《せん》で結《むす》んで、□に漢字を書きましょう。（一組できて8点）

(1) 長い　・　　・　□《ま》ける

(2) □《か》つ　・　　・　明るい

(3) □《くら》い　・　　・　□《みじか》い

	1	2	3	4	5	6	7	8	9	
P	0	0	0	3	0	0	5	0	1	9
T	4	0	0	0	0	1	0	0	0	5

☆3

反対の意味を表すことばを、□に漢字で書きましょう。（一つ6点）

(1) 昼は□《あつ》いが、夜は□《さむ》くなった。

(2) 朝□《はじ》まった会が□《お》わる。

(3) □《おも》い箱の上に□《かる》い物を置《お》く。

わくわく情報《じょうほう》

星の色が青白く見えたり，赤く見えたりするのは，星の表面温度に差《さ》があるからだよ。表面温度が高い星は青白く，低《ひく》い星は赤く見えるんだ。

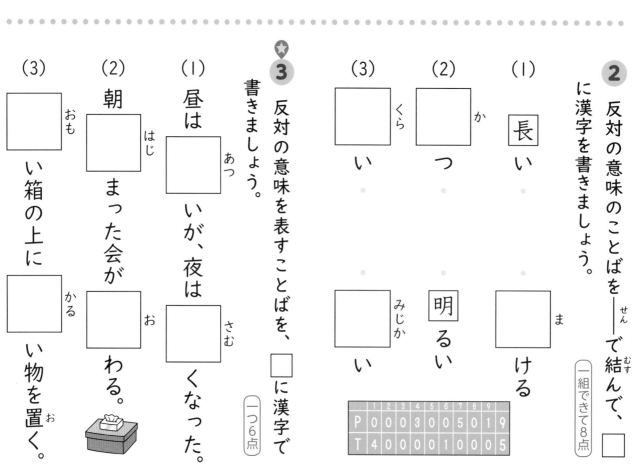

四年生の漢字(1)

学習日　月　日　とく点　点

1 ——《せん》の漢字に注意して文章を読み、読みがなを書きましょう。（全部で25点）

草木の成長（せいちょう）を観察（かんさつ）する。

また、実験（じっけん）の結果（けっか）を細かく記録（きろく）した。

2 ——《せん》の漢字の読みがなを書きましょう。（一つ5点）

(1) 成長（　　）

(2) 観察（　　）

(3) 実験（　　）

(4) 結果（　　）

(5) 記録（　　）

3 書き順《じゅん》に注意して書きましょう。（全部で25点）

成　読み方　セイ・〈ジョウ〉・な(る)・な(す)

察　読み方　サツ

結　読み方　ケツ・むす(ぶ)・〈ゆ(う)〉・〈ゆ(わえる)〉

録　読み方　ロク

観　読み方　カン

験　読み方　ケン・〈ゲン〉

果　読み方　カ・は(たす)・は(てる)・は(て)

4 □に漢字を書きましょう。（一つ5点）

(1) 犬が大きく□□《せいちょう》する。

(2) □□《じっけん》の□□《けっか》。

(3) □□《かんさつ》の□□《きろく》。

おもしろことばメモ

「赤の他人（全く関係《かんけい》ない人）」「白黒をつける（どちらが正しいかなど，物事をはっきりさせる）」など，色を使った言い方はいろいろあるよ。

漢字辞典《じてん》の使い方(1)

学習日 月 日　とく点 点

1 次の漢字辞典《じてん》のきまりを読んでから、あとの問題に答えましょう。

漢字辞典《じてん》のきまり

- 漢字辞典《じてん》では、漢字が部首ごとに分類《ぶんるい》され、部首の画数が少ない順《じゅん》にならべてある。また、部首が同じ漢字は、画数の少ない順《じゅん》にならべてある。
- 漢字辞典《じてん》には、「音訓《おんくん》さくいん」、「部首さくいん」、「総画《そうかく》さくいん」を使う引き方がある。
- 漢字の読み方がわかっているときには、「音《おん》訓《くん》さくいん」を使うとよい。
- 部首がわかっているとき、漢字の読み方がわからないときには、「部首さくいん」を使う。
- 漢字の読み方も部首もわからないときには、「総画《そうかく》さくいん」を使う。

(1) 次の（　）に合うことばを書きましょう。（一つ8点）

① 漢字辞典《じてん》では、漢字が（　　）ごとに分類《ぶんるい》され、部首の（　　）が少ない順《じゅん》にならべてある。

② 漢字辞典《じてん》には、「（　　）」、「（　　）」、「（　　）」を使う引き方がある。

(2) 次のようなとき、漢字辞典《じてん》のどのさくいんを使って調べますか。「音訓《おんくん》さくいん」なら「音」、「部首さくいん」なら「部」、「総画《そうかく》さくいん」なら「総」を書きましょう。（一つ20点）

① 部首がわかっているとき。（　　）

② 読み方がわかっているとき。（　　）

③ 部首も読み方もわからないとき。（　　）

わくわく情報《じょうほう》　月の重力は地球の６分の１なので，月では地球にいるときよりもずっと高くジャンプできるんだよ。

漢字辞典《じてん》の使い方(2)

学習日 月 日　とく点 点

1

次の音訓《おんくん》さくいんの使い方を読んでから、あとの問題に答えましょう。（一つ4点）

音訓《おんくん》さくいんの使い方

● 音訓《おんくん》さくいんは、漢字の読み方が五十音順《じゅん》にならべてある。

● ふつうは、音《おん》がかたかな、訓《くん》がひらがなで書かれている。

あ		
アイ	愛	330
あい	相	574
あいだ	間	770
あう	会	50
あう	合	151

(1) 次の漢字の音《おん》の読みがなを書きましょう。

① 員（いん）　② 感（　）

(2) 次の漢字の訓《くん》の読みがなを書きましょう。

① 皿（　）　② 箱（　）

音《おん》も訓《くん》もわかるときは、訓《くん》でさがすと早く見つかるよ。

(3) 次の漢字の読みがなを二つ書きましょう。

① 羊（　）（　）　② 球（　）（　）　③ 皮（　）（　）

2

次の総画《そうかく》さくいんの使い方を読んでから、あとの問題に答えましょう。

総画《そうかく》さくいんの使い方

● 総画《そうかく》さくいんは、漢字が総画数《そうかくすう》の少ない順《じゅん》にならんでいる。

一画		
一	1	
二画		
七	8	
丁	9	
九	30	
三画		
下	8	
三	11	
上	12	
万	14	
丸	26	
久	29	

(1) 次の漢字の総画数《そうかくすう》を書きましょう。（一つ5点）

① 向（6）　② 平（　）　③ 要（　）　④ 成（　）　⑤ 必（　）　⑥ 果（　）

(2) まちがえやすい画数の形がある漢字です。総画数《そうかくすう》を書きましょう。（一つ5点）

① 皮（　）　② 弟（　）　③ 民（　）　④ 写（　）　⑤ 部（　）　⑥ 色（　）

おもしろことばメモ　キノコは，「木の子ども」という意味だよ。木のかげや，かれ木などに生えることから，この名前がついたんだよ。

漢字辞典《じてん》の使い方(3)

1 次の部首さくいんの使い方を読んでから、あとの問題に答えましょう。

部首さくいんの使い方

①部首の画数を数える。「住」の部首は「亻」で、二画。

②部首さくい二画のところで「亻」をさがし、ページを見る。

③そのページを開き、部首以外《いがい》の「主」の画数を数え、五画のところをさがすと、「住」がある。

二画

二	に	35
亠	なべぶた	36
人	ひと	37
亻	にんべん	38
𠆢	ひとやね	45
儿	ひとあし	46

◆次の漢字の部首と部首の画数を書きましょう。（部首一つ3点、画数一つ3点）

① 安　部首［宀］　部首の画数（3）

② 柱　部首［　］　部首の画数（　）

③ 進　部首［　］　部首の画数（　）

④ 昭　部首［　］　部首の画数（　）

⑤ 助　部首［　］　部首の画数（　）

⑥ 神　部首［　］　部首の画数（　）

2 次の漢字の部首と部首以外《いがい》の部分の画数を書きましょう。（部首一つ3点、画数一つ3点）

(1) 定　部首［宀］　部首以外《いがい》の部分の画数（5）

(2) 他　部首［　］　部首以外《いがい》の部分の画数（　）

(3) 指　部首［　］　部首以外の部分の画数（　）

(4) 港　部首［　］　部首以外の部分の画数（　）

3 ☆ 漢字辞典《じてん》に出ている順《じゅん》（画数の少ない順《じゅん》）に、番号をつけましょう。（それぞれ全部できて10点）

(1) 仲（　）作（　）仕（1）

(2) 荷（　）苦（　）茶（　）

(3) 速（　）返（　）追（　）進（　）

(4) 級（　）練（　）結（　）紙（　）

昔，アサガオの種《たね》は薬として使われていたよ。アサガオは，奈良時代《ならじだい》に中国《ちゅうごく》から伝《つた》わったんだよ。

四年生の漢字(2)

学習日 月 日 とく点 点

1

——《せん》の漢字に注意して文章を読み、読みがなを書きましょう。 全部で20点

魚の種《しゅ》類（るい）や貝の仲間（なかま）を調べた。必要（ひつよう）な資料《しりょう》は、博物館（はくぶつかん）や公民館（こうみんかん）を利用（りよう）した。

2

——《せん》の漢字の読みがなを書きましょう。 一つ5点

(1) 種《しゅ》類（　　）
(2) 仲間（　　）
(3) 必要（　　）
(4) 博物館（　　）
(5) 利用（　　）
(6) 公民館（　　）

3

書き順《じゅん》に注意して書きましょう。 全部で20点

類　読み方　ルイ・たぐ（い）
必　読み方　ヒツ・かなら（ず）
博　読み方　ハク・〈バク〉
利　読み方　リ・〈き（く）〉
仲　読み方　〈チュウ〉・なか
要　読み方　ヨウ・かなめ・〈い（る）〉
民　読み方　ミン・〈たみ〉

★4

□に漢字を書きましょう。 一つ5点

(1) 生物の種《しゅ》□《るい》や□《なか》□《ま》。
(2) □《ひつ》□《よう》なとき、□《り》□《よう》する。
(3) □《はく》□《ぶつ》□《かん》や□《こう》□《みん》□《かん》。

わくわく情報《じょうほう》
とく意な芸《げい》のことを「おはこ」というよ。漢字で「十八番」と書くこともあるんだ。

俳句《はいく》・短歌(1)

学習日 月 日　とく点 点

※教科書によって1学期に学習していないところもあります。

1 次の俳句《はいく》の説明《せつめい》を読んでから、あとの問題に答えましょう。

一問全部できて15点

俳句《はいく》
五・七・五の十七音でできている短い詩。ふつうは「季語《きご》」という、季節《きせつ》を表すことばが入っている。

◆ ——で五・七・五に分けましょう。

(1) 菜《な》の花や月は東に日は西に　与謝蕪村《よさぶそん》
季語《きご》 菜《な》の花　季節《きせつ》 春

(2) 青蛙《あおがえる》おのれもペンキぬりたてか　芥川龍之介《あくたがわりゅうのすけ》
季語《きご》 青蛙《あおがえる》　季節《きせつ》 夏

(3) かきくえば鐘《かね》が鳴るなり法隆寺《ほうりゅうじ》　正岡子規《まさおかしき》
季語《きご》 かき　季節《きせつ》 秋

(4) いくたびも雪の深さを尋《たず》ねけり　正岡子規《まさおかしき》
季語《きご》 雪　季節《きせつ》 冬

*(1)〜(4)の俳句の意味はP.13にあります。

2 次の短歌の説明《せつめい》を読んでから、あとの問題に答えましょう。

一問全部できて20点

短歌
五・七・五・七・七の三十一音からできている短い詩。千三百年以上《いじょう》も前から作られてきた。

◆ ——で五・七・五・七・七に分けましょう。

(1) かすみたつ長き春《はる》日《ひ》を子どもらと手まりつきつつこの日くらしつ　良寛《りょうかん》
意味 かすみがかかる長い春の一日を、子どもたちと手まりをついて遊んで、一日をすごしたよ。

(2) かの時に言いそびれたる大切の言葉は今も胸《むね》に残《のこ》れど　石川啄木《いしかわたくぼく》
意味 あの時に言いそびれてしまった大切なことばは、今も胸《むね》のうちに残《のこ》っているけれども。

わくわく情報《じょうほう》　月はいつも同じ側《がわ》を地球に向けているので，地球からは，その反対側《はんたいがわ》を見ることはできないよ。

俳《はい》句《く》・短歌(2)

学習日　月　日　とく点　点

※教科書によって1学期に学習していないところもあります。

1 次の俳句《はいく》の季語《きご》を◯でかこみ、その季節《きせつ》を答えましょう。（一問全部できて15点）

(1) かきくえば鐘《かね》が鳴るなり法隆寺《ほうりゅうじ》　正岡子規《まさおかしき》

意味　茶店でひと休みして名物のかきを食べていたら、法隆寺《ほうりゅうじ》の鐘《かね》が鳴りひびいてきたよ。

（　　　）

(2) 青蛙《あおがえる》おのれもペンキぬりたてか　芥川龍之介《あくたがわりゅうのすけ》

意味　青がえるよ、せなかがぬれて光っているな、おまえもペンキぬりたてだな。

（　　　）

(3) いくたびも雪の深さを尋《たず》ねけり　正岡子規《まさおかしき》

意味　病気でねているので、何度も雪がどのくらい積《つ》もったかを、家の人にたずねてしまったよ。

（　　　）

(4) 菜《な》の花や月は東に日は西に　与謝蕪村《よさぶそん》

意味　菜《な》の花畑が広がっている。見上げると、東の空から月がのぼりはじめ、西の空には夕日がしずんでいく。

（　　　）

2 次の短歌を読んで、問題に答えましょう。

① 銀《しろがね》も金《くがね》も玉《たま》も何《なに》せむにまされる宝《たから》子にしかめやも　山上憶良《やまのうえのおくら》

意味　銀や金、宝石《ほうせき》などといった宝《たから》も、どうして子どもにまさる宝《たから》になるだろうか、なりはしない。

② 秋来《き》ぬと目にはさやかに見えねども風の音にぞおどろかれぬる　藤原敏行《ふじわらのとしゆき》

意味　秋が来たことは、目にははっきりと見えないけれども、ふいてくる風の音で、はっと気がついたことだよ。

◆ ①・②の短歌には、それぞれ何が表《あらわ》されていますか。（一つ20点）

①（［　　　　］を大切に思う気持ち。）

②（聞こえてきた［　　　　］に秋のおとずれを実感させられて、おどろく気持ち。）

おもしろことばメモ　「はらを立てる（おこる）」「口がすぎる（失礼《しつれい》なことを言う）」など，体の一部を使った言い方はたくさんあるよ。

四年生の漢字(3)

学習日　月　日　とく点　点

1 ――線《せん》の漢字に注意して文章を読み、読みがなを書きましょう。（全部で20点）

暑い季節（きせつ）は、体の器《き》官（かん）をこわしやすい。水泳を欠（けっ）席《せき》する人がいたが、ぼくは、特《とっ》訓（くん）を受けて上達（じょうたつ）した。青い空をジェット機《き》が飛（と）んでいた。

2 ――線《せん》の漢字の読みがなを書きましょう。（一つ5点）

(1) 季節（　　）
(2) 器《き》官（　　）
(3) 欠席《せき》（　　）
(4) 特《とっ》訓（　　）
(5) 上達（　　）
(6) 飛ぶ（　　）

3 書き順《じゅん》に注意して書きましょう。（全部で20点）

季　読み方　キ

官　読み方　カン

訓　読み方　クン

飛　読み方　ヒ・と（ぶ）・と（ばす）

節　読み方　セツ・〈セチ〉・ふし

欠　読み方　ケツ・か（ける）・か（く）

達　読み方　タツ

4 □に漢字を書きましょう。（一つ5点）

(1) 体の器《き》□《かん》。

(2) 鳥が□《と》ぶ。

(3) 特《とっ》□《くん》して□《じょう》□《たつ》する。

(4) □《けっ》席《せき》者《しゃ》の多い□《き》□《せつ》。

おもしろことばメモ　みんなが食べているダイコンは土の下にある根っこの部分だよ。「大きな根」という意味で「大根」と書くよ。

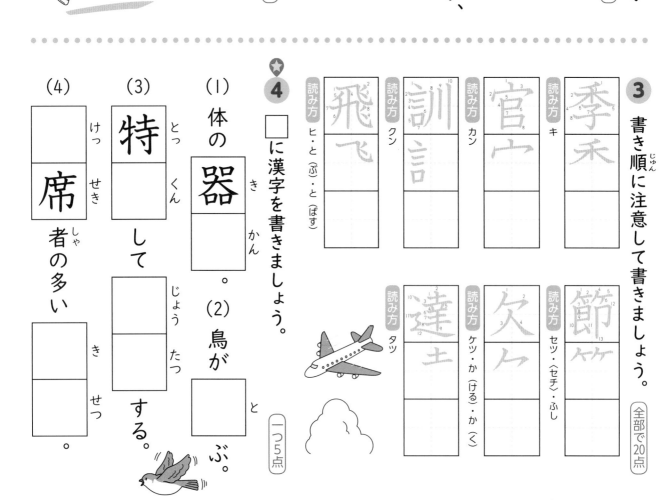

物語の読みとり(1)

学習日　月　日　とく点　点

1 次の文章を読んで、問題に答えましょう。（25点）

庭に出ると、太陽の光で緑のしばふがまぶしく感じられた。わたしは、ホースを手にして水をまいた。

◆ 庭の様子で、□に合うことばを書きましょう。

緑の［しばふ］が
まぶしく感じられた。

2 次の文章を読んで、問題に答えましょう。（25点）

林に入ると、せみの鳴き声であふれていた。ぼくは、辺《あた》りの木々のみきをぐるぐる見回した。

◆ 林の中の様子で、□に合うことばを書きましょう。

せみの［□□□］で
あふれていた。

3 次の文章を読んで、問題に答えましょう。（25点）

部屋にもどって、ぼくはつくえの前に立った。そして、ひき出しの中から、きれいな貝がらを取り出した。

◆「ぼく」は、ひき出しの中から何を取り出しましたか。

きれいな［□□□］。

4 次の文章を読んで、問題に答えましょう。（25点）

弟とぼくは、くさむらの中で目をこらした。すると、黒いかげが大きくはねた。そのあとを追っていって見ると、大きなバッタだった。

◆ くさむらの中に、何がいたのですか。

大きな
［□］がいた。

わくわく情報
方位《ほうい》じ石《しゃく》のはりが北を指すのは，地球が大きなじ石《しゃく》になっているから。北極《ほっきょく》の近くがS極《きょく》にあたるので，はりのN極《きょく》は北を指すよ。

物語の読みとり(2)

学習日 月 日　とく点 点

1

次の文章を読んで、問題に答えましょう。（25点）

公園で遊んでいるとき、急に雨がふってきた。ぼくたちは、あわてて建物《たてもの》の方へ走りだした。

◆「ぼくたち」が走りだしたのは、どうしてですか。

［ 急に□□□□□きたから。 ］

2

次の文章を読んで、問題に答えましょう。（25点）

水そうの前で魚を見ていたら、サメがすごいスピードで向かってきた。わたしは、思わず目をとじてしまった。

◆「わたし」が、目をとじてしまったのは、どうしてですか。

［ サメが、すごいスピードで□□□□□□から。 ］

3

次の文章を読んで、問題に答えましょう。（25点）

今日は、おじさんが帰る日だ。ぼくは、いっしょに家を出て、駅でおじさんを見送った。

◆おじさんが帰る日、「ぼく」はどうしましたか。

［ おじさんといっしょに家を出て、駅で□□□□。 ］

☆ 4

次の文章を読んで、問題に答えましょう。（全部できて25点）

バスが、交差点《こうさてん》で急にとまった。わたしは、転びそうになったおばあさんに声をかけて、席《せき》をゆずった。

◆バスが急にとまって、「わたし」はどうしましたか。

［ おばあさんに□をかけて、□。 ］

おもしろことばメモ

使わなくなって空っぽになった鳥の巣《す》のことを「空《あ》き巣《す》」ということから，るすの家をねらって入るどろぼうのことを，「空《あ》き巣《す》」というようになったよ。

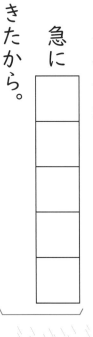

物語の読みとり(3)

学習日　月　日　　とく点　点

1 次の文章を読んで、問題に答えましょう。（50点）

　今日は夏祭りです。

　朝から、笛やたいこのにぎやかな音が聞こえてきます。

　まみは、とんぼのもようの新しいゆかたを着て、そわそわと落ち着きません。夕方、友達《ともだち》とぼんおどりに行く約束《やくそく》をしているのです。

(1) 夏祭りの朝の様子はどうでしたか。（一つ10点）

□や□□□の□□□□な音が聞こえてきた。

(2) まみは、友達《ともだち》とどんな約束《やくそく》をしているのですか。（20点）

□約束《やくそく》。

2 次の文章を読んで、問題に答えましょう。（50点）

　女の子が、駿《しゅん》の首にクローバーで作った花輪《はなわ》をかけました。今日は、学童クラブで七月生まれの子どもたちのたんじょうをいわう日なのです。

　駿《しゅん》は、はずかしくて、まっかになりました。

　首にかけた花輪《はなわ》から、ぷうんといいにおいがしました。

(1) 女の子は、駿《しゅん》の首に、どんな花輪《はなわ》をかけましたか。（20点）

□□□□□で作った花輪《はなわ》。

(2) 花輪《はなわ》をかけられたとき、駿《しゅん》は、どんな様子でしたか。（一つ15点）

□て、□なった。

わくわく情報《じょうほう》　生まれてすぐのパンダは，全身がピンク色をしているよ。時間がたつにつれて，少しずつ白黒もようになっていくよ。

18回 四年生の漢字(4)

学習日　月　日　とく点　点

1

——《せん》の漢字に注意して文章を読み、読みがなを書きましょう。（全部で20点）

図書室で国語辞典（じてん）の例文（れいぶん）を順（じゅん）に書き出した。周り（まわ）では、鳥の巣（す）や木の芽（め）について調べている人がいた。

2

——《せん》の漢字の読みがなを書きましょう。（一つ5点）

(1) 辞典（　　）

(2) 例文（　　）

(3) 順番（　　）

(4) 周り（　　）

(5) 鳥の巣（　　）

(6) 木の芽（　　）

3

書き順《じゅん》に注意して書きましょう。（全部で20点）

辞　読み方　ジ・〈や（める）〉

例　読み方　レイ・たと（える）

周　読み方　シュウ・まわ（り）

芽　読み方　ガ・め

典　読み方　テン

順　読み方　ジュン

巣　読み方　〈ソウ〉・す

4

□に漢字を書きましょう。（一つ5点）

(1) 国語□□《じてん》の□□《れいぶん》。

(2) 木の□《め》が□《じゅん》に開く。

(3) ひなが□《す》の□《まわ》りを飛《と》び回《まわ》る。

おもしろことばメモ

とても大きなちがいを「雲泥《うんでい》の差《さ》」という。天にある美しい雲と地上のきたない泥《どろ》くらいへだたりがあるということからきているよ。

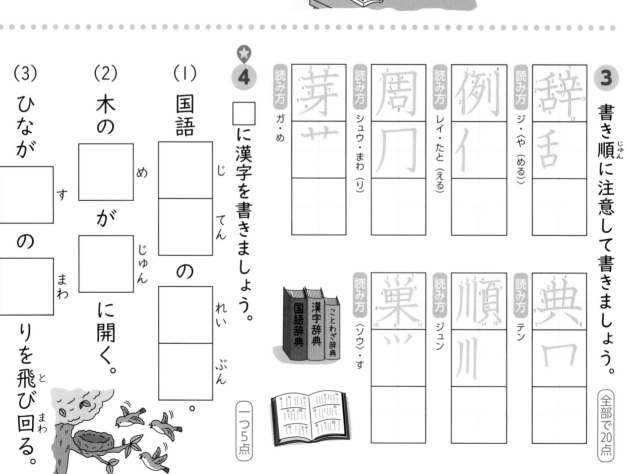

説明文《せつめいぶん》の読みとり(1)

学習日 月 日　とく点 点

1 次の文章を読んで、問題に答えましょう。(15点)

弟が、バケツにやどかりを入れた。**これ**は、とくに大きかった。

◆**これ**は、何を指していますか。

〔□□□□〕

2 次の文章を読んで、問題に答えましょう。(15点)

山の向こうにくぬぎの林があります。**そこ**には、大きなかぶと虫がいるらしい。

◆**そこ**は、どこを指していますか。

〔□□□の□〕。

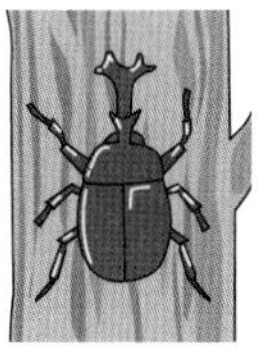

3 次の文章を読んで、問題に答えましょう。(15点)

駅の近くに本屋さんを見つけた。**あそこ**にあるとは知らなかった。

◆**あそこ**は、どこを指していますか。

〔□□近く〕。

4 次の文章を読んで、問題に答えましょう。(15点)

ミルクににゅうさんきん＊が入ると、少しどろっとした物ができます。**これ**が、ヨーグルトです。

＊にゅうさんきん…とう分を分かいして、すっぱい味のにゅうさんを作るきん。

◆**これ**は、何を指していますか。

〔少し□□□□した物。〕

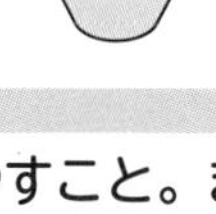

5 次の文章を読んで、問題に答えましょう。(一つ20点)

こはく＊の中には、小さな虫や木の葉が入っていることがあります。**これ**は、数億年前《すうおくねんまえ》の虫や葉かもしれません。

＊こはく…大昔の木のやになどが、地下で化石のようになったもの。

◆**これ**は、何を指していますか。

〔□□□の中に入っている小さな□や木の葉。〕

わくわく情報　やけどをしたら，冷水《れいすい》で二十分くらい冷《ひ》やすこと。また，服の上からやけどをしたときは，服の上から水で冷《ひ》やすといいよ。

説明文《せつめいぶん》の読みとり(2)

学習日　月　日　とく点　点

1 次の文章を読んで、問題に答えましょう。（一つ10点）

植物の中には風で種《たね》を遠くへ運び、仲間《なかま》をふやすものがあります。その例《れい》として、タンポポやカエデがあります。

◆その例《れい》とは、何の例《れい》を指していますか。

□で種《たね》を遠くへ運び、□□を□□□植物の例《れい》。

2 次の文章を読んで、問題に答えましょう。（一つ15点）

チューリップは、ふつう秋に球根を植えて、春、花をさかせます。チューリップにも種《たね》ができるのだろうか。このぎもんをとくために、ぼくたちのグループでは、いろいろな実験《じっけん》や観察《かんさつ》を行いました。

◆いろいろな実験《じっけん》や観察《かんさつ》を行ったのは、どんなぎもんをとくためですか。

□□□□□□にも、□ができるのか、というぎもん。

3 次の文章を読んで、問題に答えましょう。（40点）

夏の午後、急に暗くなったかと思うとはげしくふりだすにわか雨。これを「夕立」といいます。夕立は、積《せき》らん雲《うん》がもたらすもので、しばしばかみなりをともないます。

(1) これは、何を指していますか。（一つ15点）

夏の□□、急にはげしくふりだす□□□□。

(2) 「夕立」をもたらすのは、何という雲ですか。（10点）

□□□□

おもしろことばメモ

薬のふくろなどに書いてある「食間にお飲みください」という言葉は，食事中という意味ではなく，食事と食事との間の時間のことだよ。まちがえないでね。

説明文《せつめいぶん》の読みとり⑶

学習日　月　日　とく点　点

1 次の文章を読んで、問題に答えましょう。（50点）

キツネは、イヌと同じように、おしっこのにおいをあちこちにつけます。**それ**をつけることで、そこにすでにキツネがすんでいることを、ほかのキツネに知らせるのです。このにおいは雨がふってもすぐには消えないので、ほかのキツネが自分のなわばりに入ってくることがないのです。

⑴ **それ**は、何を指していますか。（一つ10点）

□□□□の□□□。

⑵ **それ**は、どんなことをほかのキツネに知らせるのですか。（一つ15点）

そこにすでに□が□こと。

2 次の文章を読んで、問題に答えましょう。（50点）

実は、イソギンチャクのしょく手は、何かがふれるとはりが飛《と》び出《だ》す仕組みになっています。そのはりで、魚やエビをしびれさせて、えさにするのです。タコや魚は**このこと**をよく知っていて、イソギンチャクに近づこうとはしません。

（令和2年度版　東京書籍　新しい国語四上　40ページより　『ヤドカリとイソギンチャク』武田《たけだ》　正倫《まさつね》）

⑴ イソギンチャクのしょく手には、どんな仕組みがありますか。（一つ10点）

何かが□と、□が飛《と》び出《だ》す仕組み。

⑵ **このこと**は、何を指していますか。（一つ15点）

イソギンチャクが、魚やエビを□させて、□にすること。

わくわく情報《じょうほう》　スイスの雪山では，そうなんした人を助けるために，昔からセント・バーナードという犬が使われてきた。バリー号という犬は生きている間に，40数名のそうなん者の命をすくったよ。

作文(1)

学習日 月 日　とく点 点

1 絵に合うように、「どうした」にあたることばを〇でかこみましょう。（一つ10点）

(1) わたしは、午前中、友達《ともだち》といっしょに図書館に｛行った・読んだ｝。

(2) 自由研究のテーマに合った本や図かんを｛遊んだ・さがした｝。

(3) 夕方になったので、本を二さつ｛かりた・話した｝。そして、家で調べて、ノートに｛まとめた・数えた｝。

2 次の（　）に合うことばを［　］から選《えら》んで書きましょう。（一つ10点）

(1) 友達《ともだち》とお祭りに（　　　）。友達《ともだち》は、金魚すくいで、二ひき（　　　）。

［行った・つかまえた］

(2) 店の人は、金魚をふくろに（　　　）。友達《ともだち》は、とく意そうにそれを（　　　）。

［入れた・受け取った］

3 ☆ 次の（　）に合うことばを考えて書きましょう。（一つ10点）

(1) ぼくは、電車に（　　　）。 ◀どうした

(2) わたしは、コップを（　　　）。 ◀どうした

おもしろことばメモ　「海千山千《うみせんやません》」とは，多くのけい験《けん》を積《つ》んだ手ごわい人のことだ。「海に千年，山に千年住んだヘビはりゅうになる」という言《い》い伝《つた》えからきているよ。

作文(2)

学習日　月　日　とく点　点

1

絵を見て、（　）に合うほうのことばを　　から選《えら》んで書きましょう。

一つ10点

(1) 水をまいたしばふは、きらきら光って
（　　　　）だった。◀どんなだ

きれい・ていねい

(2) ぎらぎらと照《て》りつける太陽が、
（　　　　）。◀どんなだ

さびしい・まぶしい

(3) 雨がやんで、外に出てみたら、空は
（　　　　）。◀どんなだ

弱かった・明るかった

2

次の（　）に合うことばを、　　から選《えら》んで書きましょう。

一つ10点

(1) 朝早くの海岸は、人も少なく
（　　　　）だった。海の水も、
まだ（　　　　）。

しずか・にぎやか・冷《つめ》たかった

(2) 林の中は風があり（　　　　）。
せみがいっせいに鳴き始めて、
（　　　　）くらいだった。

うるさい・まぶしい・すずしかった

3

次の（　）に合うことばを考えて書きましょう。

一つ15点

(1) かき氷は、冷《つめ》たくて（　　　　）。◀どんなだ

(2) 明かりのない夜道は（　　　　）。◀どんなだ

わくわく情《じょう》報《ほう》　ラクダの鼻のあなは自由に開けたりとじたりできる。まつげは長くてびっしり生えているので，すなをふせぐ役わりをしているよ。

作文(3)

学習日　月　日　とく点　点

1 絵を見て、次のことばに続《つづ》く文を作りましょう。 40点

(1) 妹が、 10点

あさがおに水をやりました。

(2) イルカが、 15点

(3) はとが、 15点

2 次の□に合うことばを［　］から選《えら》んで、作文を完成《かんせい》させましょう。 一つ10点

　わたしとさゆりは、
人ごみの中で、ゆっく
り①　　　いた。すると、
ドーンという音が②　　
　　。わたしたちは、
さっと夜空に目を③　　
　。そこには、大きな
花火が、ふわっと④　　
　　いた。ドンドンド
ンと音が⑤　　　。つぎ
つぎに花火があがって
は、⑥　　　いった。

向けた・歩いて・広がって・鳴った・消えて・聞こえた

おもしろことばメモ　一時しのぎに取りつくろうことを，「お茶をにごす」という。茶道《さどう》の心得《こころえ》のない人がいいかげんにお茶をたてることからきているよ。

1学期のまとめ(1)

学習日　月　日　とく点　点

1 次の文章を読んで、問題に答えましょう。

　アクセルをふもうとしたとき、松《まつ》井《い》さんは、はっとしました。「おや、車道のあんなすぐそばに、小さなぼうしが落ちているぞ。風がもうひとふきすれば、車がひいてしまうわい。」

　①みどりがゆれているやなぎの下に、かわいい白いぼうしが、ちょこんとおいてあります。松《まつ》井《い》さんは車から出ました。

　そして、ぼうしをつまみ上げたとたん、ふわっと何かが②とび出しました。

「あれっ。」

　もんしろちょうです。あわててぼうしをふり回しました。

（令和2年度版　光村図書　国語四上　かがやき　18ページより『白いぼうし』あまん　きみこ）

(1) ①・②の——《せん》の部分を漢字で書きましょう。（一つ10点）

① みどり（　　　）

② とび出し（　　　）び出し

(2) 松《まつ》井《い》さんがはっとしたのは、どうしてですか。（一つ10点）

（　　　）のすぐそばに、（　　　）が落ちていたから。

(3) ぼうしは、どこに、どんな様子でおいてありましたか。（一つ15点）

（　　　）の下に、（　　　）とおいてあった。

(4) 松《まつ》井《い》さんがぼうしをつまみ上げると、どうなりましたか。（一つ15点）

（　　　）が、（　　　）ととび出した。

わくわく情報　ブタとイノシシはなんだかにてるって？　それも当然《とうぜん》，ブタはイノシシを改良《かいりょう》した動物なんだ。

1学期のまとめ(2)

学習日　月　日　とく点　点

1 次の文章を読んで、問題に答えましょう。

初《はじ》めてたずねた家の部屋であっても、それが洋室であれば、何に使う部屋かということは大体見当が付《つ》きます。それは、そこに置《お》いてある家具で分かるのです。それぞれの部屋の家具は、その部屋をより使いやすくするために置《お》かれます。①たとえば、食事をする、勉強をする、ねるといった目的《もくてき》に合わせて、テーブルやいす、勉強づくえ、ベッドが置《お》かれます。洋室は、その部屋で何をするかがはっきりしていて、そのために使いやすくつくられているのです。

これに対して、和室は、一つの部屋をいろいろな目的《もくてき》に使うことができるという②よさがあります。

（令和2年度版　東京書籍　新しい国語四下　14〜15ページより『くらしの中の和と洋』）

(1) ①・②の――《せん》のことばを漢字で書きましょう。（一つ10点）

① たとえば〔　　えば〕　② よさ〔　　さ〕

(2) それは、何を指していますか。（20点）

〔　　　　　　　　　　〕

(3) 洋室の家具は、何のために置《お》かれていますか。（一つ10点）

〔　　〕を〔　　　　〕するため。

(4) これは、何を指していますか。（一つ10点）

〔　　　〕は、それぞれの部屋を使う〔　　　〕がはっきりしているということ。

(5) 和室のよさは何ですか。（20点）

〔　　　　　　　　　　〕

おもしろことばメモ　早口ことばだよ。早口で，3回続《つづ》けて言えるかな。「庭には二羽にわとりがいる。」

1学期のまとめ(2)

学習日 月 日 とく点 点

1 次の数は，1，0.1，0.01，0.001 をいくつあわせた数ですか。□にあてはまる数を書きましょう。 （1問全部できて8点）

① 5.412 は，1 を □ つ，0.1 を □ つ，0.01 を □ つ，0.001 を □ つあわせた数です。

② 0.391 は，0.1 を □ つ，0.01 を □ つ，0.001 を □ つあわせた数です。

2 次の計算をしましょう。 （1つ6点）

① $\begin{array}{r} 1.34 \\ +\,2.57 \\ \hline \end{array}$

② $\begin{array}{r} 5.19 \\ +\,0.61 \\ \hline \end{array}$

③ $\begin{array}{r} 4.65 \\ +\,1.8 \\ \hline \end{array}$

④ $\begin{array}{r} 7.4 \\ +\,6.23 \\ \hline \end{array}$

⑤ $\begin{array}{r} 19.4 \\ +\quad 2 \\ \hline \end{array}$

⑥ $\begin{array}{r} 13.6 \\ +\quad 2.47 \\ \hline \end{array}$

3 次の計算をしましょう。 （1つ6点）

① $\begin{array}{r} 6.95 \\ -\,1.23 \\ \hline \end{array}$

② $\begin{array}{r} 5.41 \\ -\,2.15 \\ \hline \end{array}$

③ $\begin{array}{r} 8.14 \\ -\,6.24 \\ \hline \end{array}$

④ $\begin{array}{r} 3.09 \\ -\,2.72 \\ \hline \end{array}$

⑤ $\begin{array}{r} 5.01 \\ -\,0.98 \\ \hline \end{array}$

⑥ $\begin{array}{r} 2.53 \\ -\,1.75 \\ \hline \end{array}$

4 次の四角形の名前を書きましょう。 （1つ6点）

① 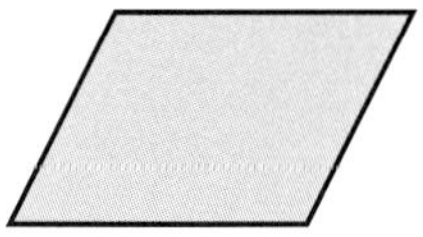

向かいあった2組の辺《へん》がどちらも平行な四角形

（　　　　）

② 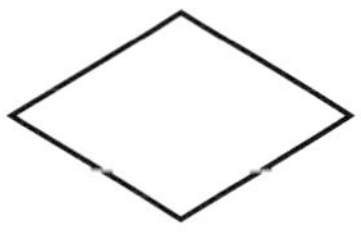

4つの辺《へん》の長さがどれも等しい四角形

（　　　　）

わくわく情報《じょうほう》 おふろに入ると体が赤くなる。それは，血管《けっかん》がふくらんで血のめぐりがよくなるからだね。

算数 21回

1学期のまとめ(1)

学習日　月　日　とく点　点

1 次の数を数字で書きましょう。（1つ7点）

① 五百二十四億《おく》六千八十七万　（　　　　）

② 十九兆《ちょう》三百七十億《おく》　（　　　　）

2 次の数を数字で書きましょう。（1つ7点）

① 一億《おく》を 6 つ，一万を 450 あわせた数　（　　　　）

② 一兆《ちょう》を 4 つ，一億《おく》を 7700，一万を 3800 あわせた数　（　　　　）

3 次の計算をしましょう。（1つ6点）

① $2\overline{)\,24}$

② $4\overline{)\,76}$

③ $5\overline{)\,92}$

④ $3\overline{)\,693}$

⑤ $5\overline{)\,425}$

⑥ $8\overline{)\,504}$

⑦ $6\overline{)\,780}$

⑧ $2\overline{)\,625}$

⑨ $7\overline{)\,748}$

4 分度器《ぶんどき》を使って，次の角度をはかりましょう。（1つ9点）

①

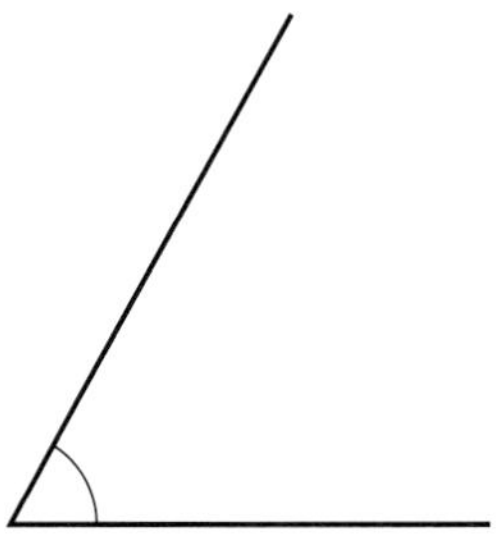

（　　　）

②

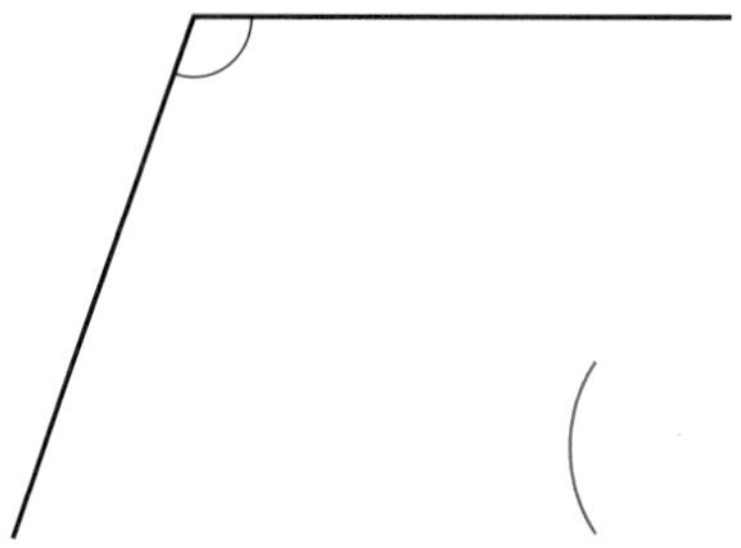

（　　　）

びっくりランキング 世界一大きなピラミッドは，クフ王のものだよ。エジプトのピラミッドは，今からおよそ4500年前につくられた王様の墓《はか》だよ。

四角形(3)

1 次の四角形の向かいあった頂点《ちょうてん》を直線でつなぎましょう。（1つ7点）

①

②
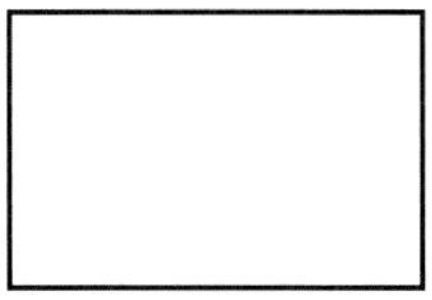
③
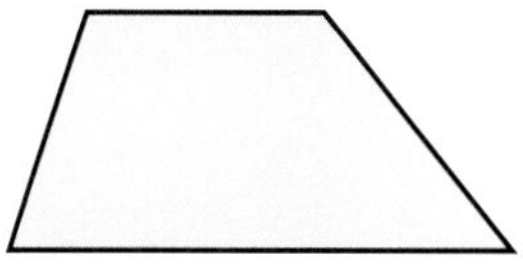
④

⑤
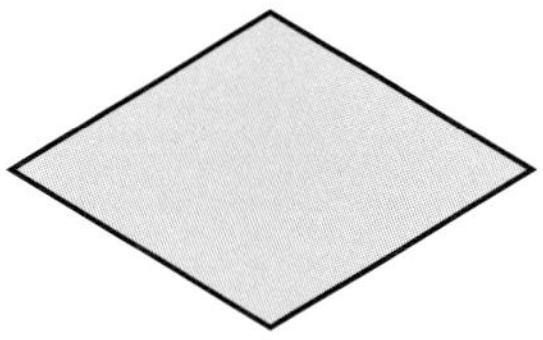

2 下の四角形の対角線《たいかくせん》について，次の問題に記号で全部答えましょう。（1つ15点）

ⓐ
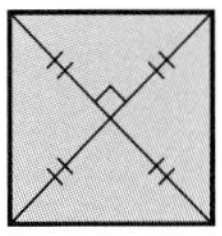
正方形

ⓘ
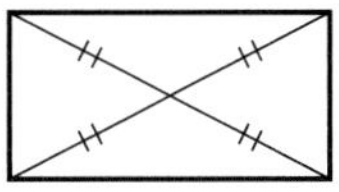
長方形

ⓤ
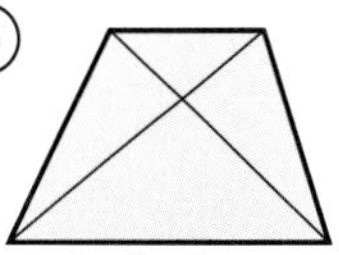
台形《だいけい》

ⓔ
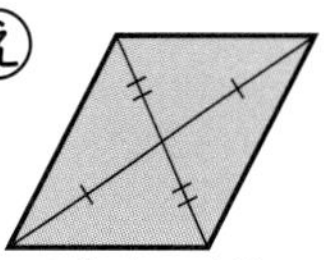
平行四辺形《へいこうしへんけい》

ⓞ
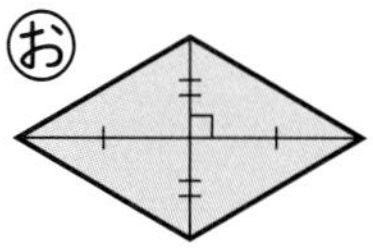
ひし形《がた》

① 2本の対角線《たいかくせん》の長さが等しい四角形はどれですか。（　　　　）

② 2本の対角線《たいかくせん》がそれぞれのまん中の点で交わる四角形はどれですか。（　　　　）

③ 2本の対角線《たいかくせん》がそれぞれのまん中の点で垂《すい》直《ちょく》に交わる四角形はどれですか。（　　　　）

☆**3** 2本の対角線《たいかくせん》の長さが，4cmと7cmのひし形《がた》をかきましょう。（20点）

わくわく情報：心ぞうから送り出された血液《けつえき》が，また心ぞうにもどってくるまでの時間は約《やく》1分間だよ。

四角形(2)

学習日　月　日　とく点　点

1 右の平行《へいこう》四《し》辺形《へんけい》について，次の問題に答えましょう。（1つ10点）

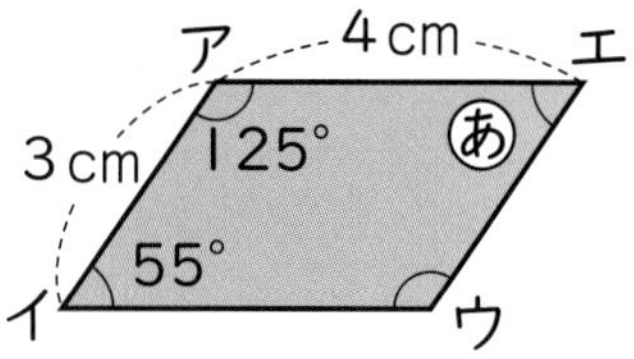

① 辺《へん》イウの長さは何cmですか。

（　　　　）

② 角㋐の大きさは何度ですか。

（　　　　）

2 右のひし形《がた》について，次の問題に答えましょう。（（　）1つ12点）

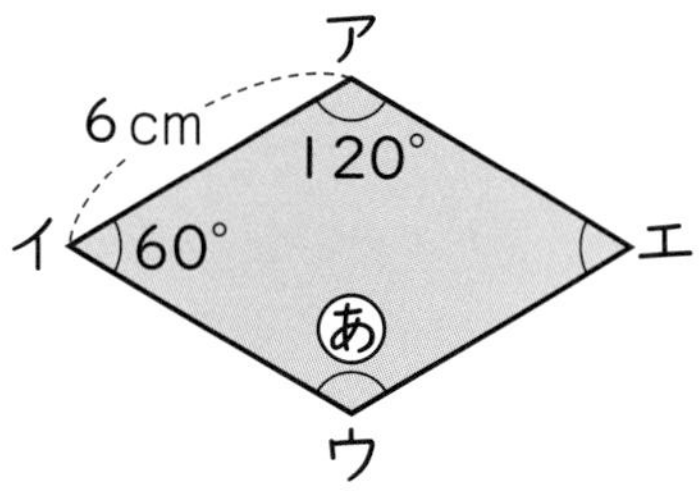

① 辺《へん》イウ，ウエ，エアの長さは何cmですか。

・辺《へん》イウ　・辺《へん》ウエ　・辺《へん》エア

（　　　　）（　　　　）（　　　　）

② 辺《へん》アイに平行な辺《へん》はどれですか。（　　　　）

③ 角㋐の大きさは何度ですか。（　　　　）

3 右の〈れい〉のように，2組の平行な直線をひいて，次のような平行《へいこう》四《し》辺形《へんけい》をかきましょう。（20点）

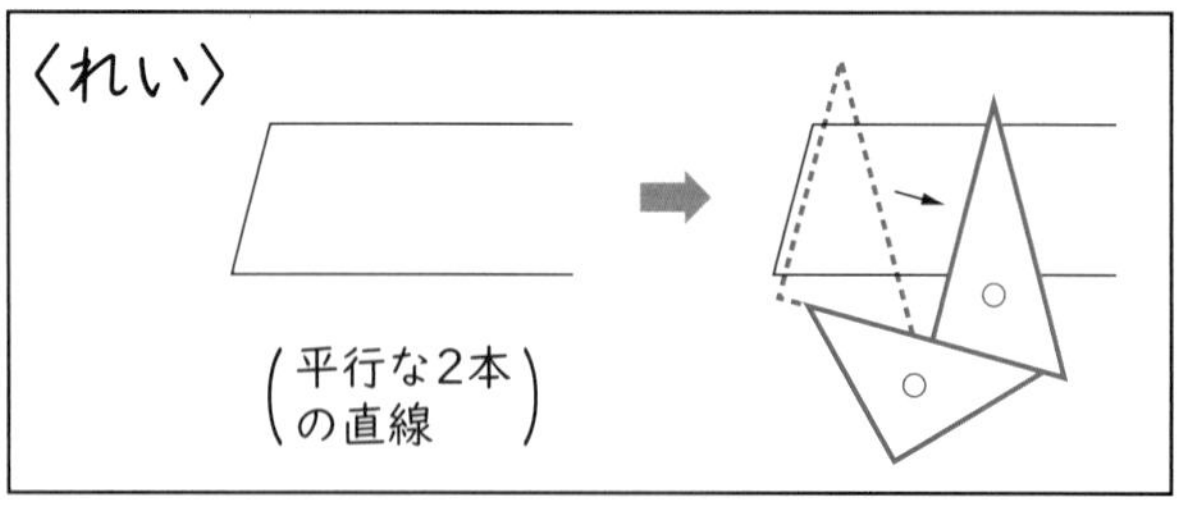

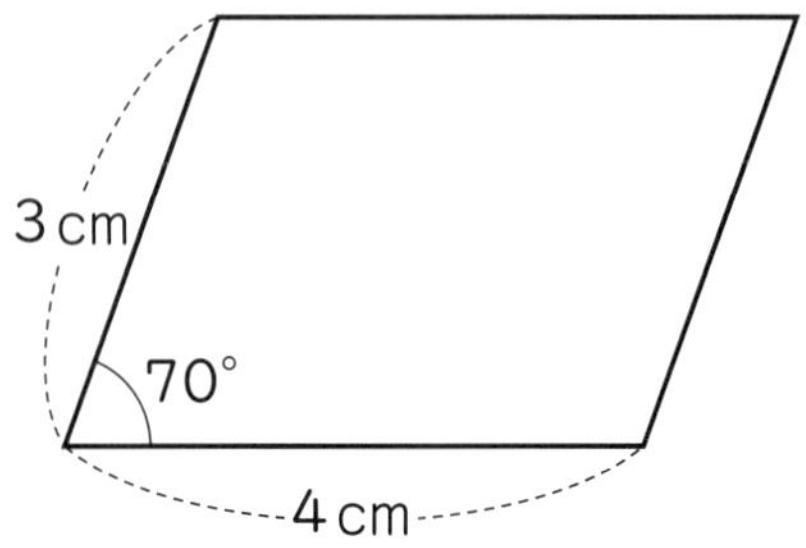

びっくりランキング
北極点《ほっきょくてん》に初《はじ》めてたどり着いたのは，アメリカのたんけん家ピアリー，南極点《なんきょくてん》に初《はじ》めてたどり着いたのは，ノルウェーのたんけん家アムンゼンだよ。

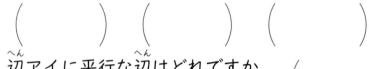

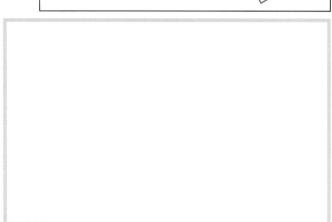

四角形(1)

学習日 月 日　とく点 点

1 右の図をみて，□にあてはまることばを書きましょう。（1つ9点）

① 向かいあった１組の辺《へん》が平行な四角形を

［台形］といいます。

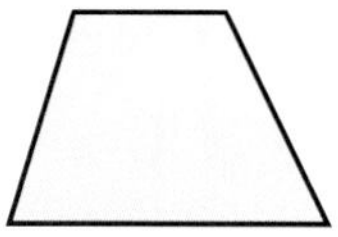

② 向かいあった２組の辺《へん》がどちらも平行な

四角形を［　　　　］といいます。

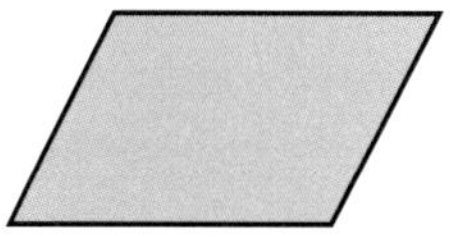

③ ４つの辺《へん》の長さがどれも等しい四角形を

［　　　　］といいます。

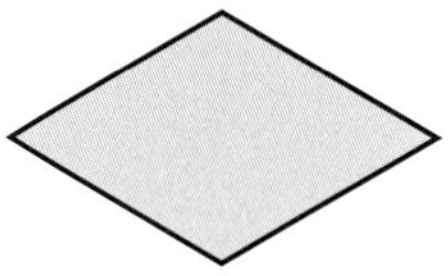

2 下の四角形は，①が台形《だいけい》，②が平行四辺形《へいこうしへんけい》です。それぞれ平行な辺《へん》は，どの辺《へん》とどの辺《へん》ですか。（①は12点，②は22点）

①

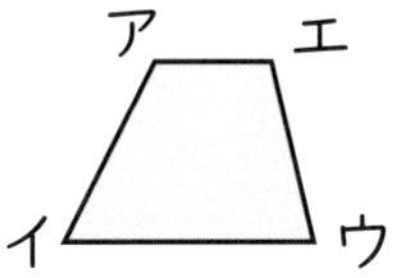

（　　　と　　　）

②

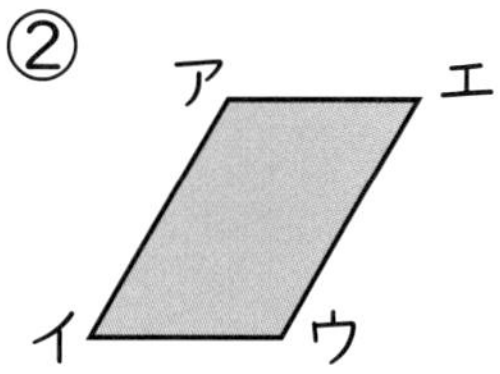

（　　　と　　　）

（　　　と　　　）

3 下の四角形について，次の問題に記号で全部答えましょう。（1つ13点）

あ 

正方形

い 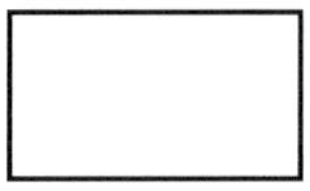

長方形

う 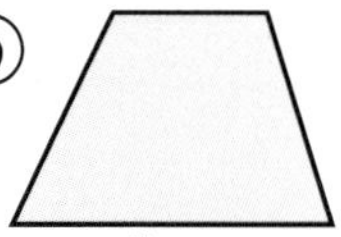

台形《だいけい》

え 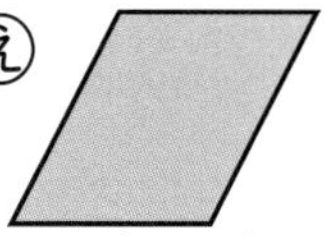

平行四辺形《へいこうしへんけい》

お 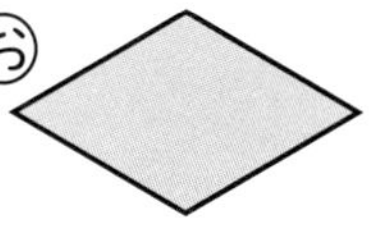

ひし形《がた》

① 向かいあった２組の辺《へん》がそれぞれ平行になっている四角形はどれですか。（　　　　）

② ４つの角の大きさがどれも等しい四角形はどれですか。（　　　　）

③ ４つの辺《へん》の長さがどれも等しい四角形はどれですか。（　　　　）

わくわく情報　ヤドカリの中には，貝がらにイソギンチャクをつけて身を守るものもいるよ。

垂直《すいちょく》と平行(2)

1 右の〈れい〉のようにして，点イを通って直線アに垂直《すいちょく》な直線をひきましょう。 (1つ20点)

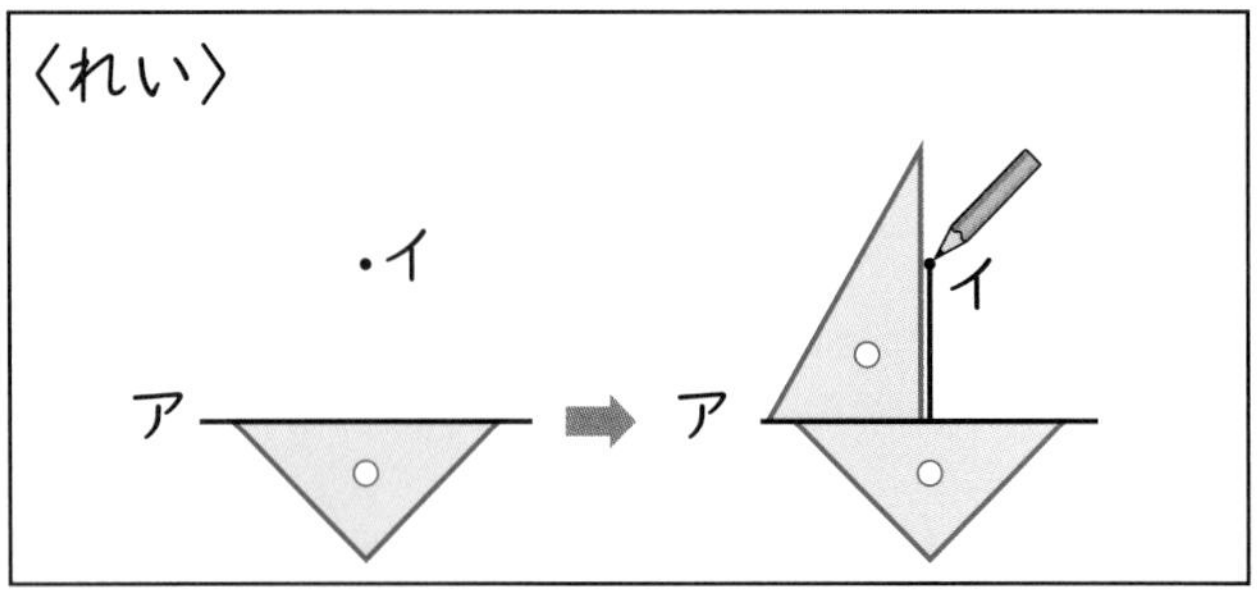

①

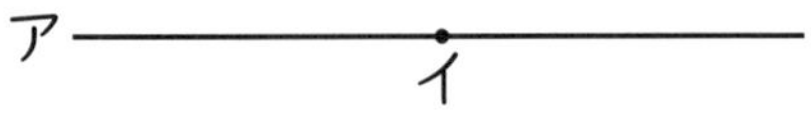

②

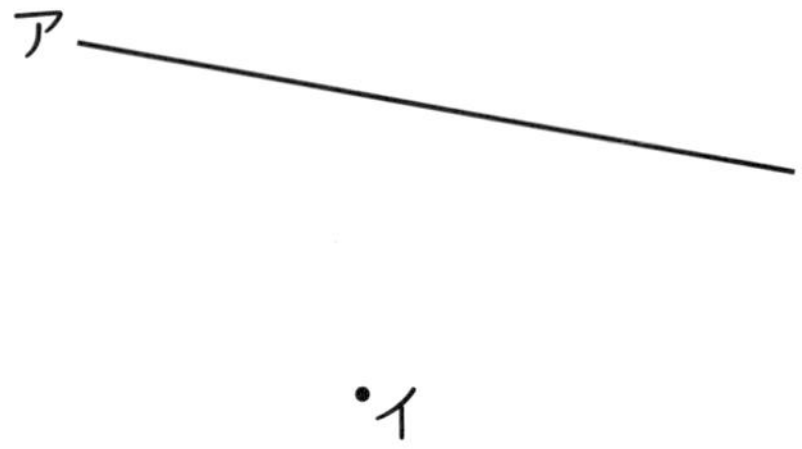

2 右の〈れい〉のようにして，点イを通って直線アに平行な直線をひきましょう。 (1つ20点)

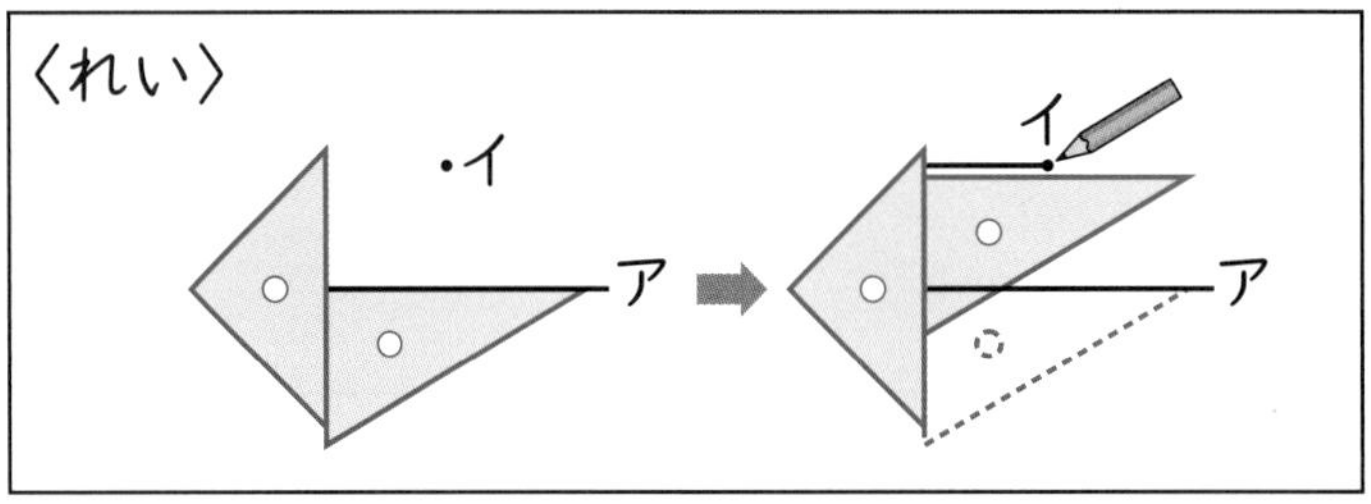

①

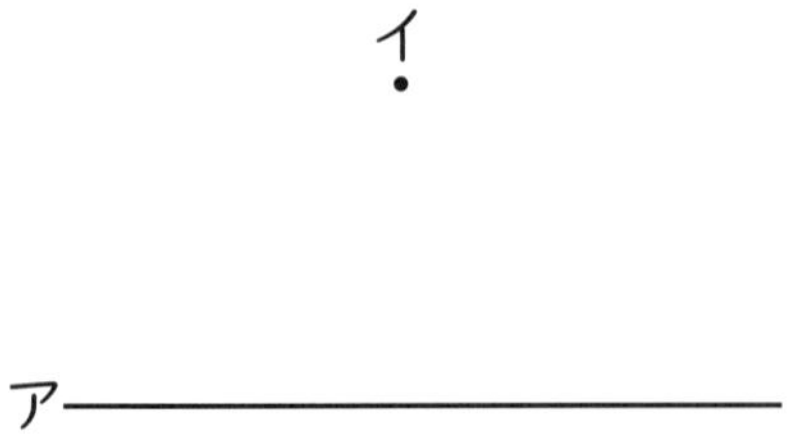

②

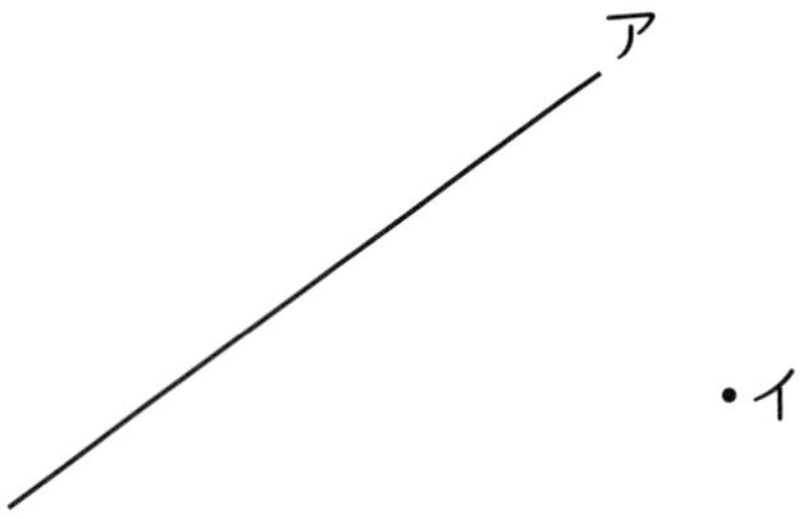

3 2まいの三角じょうぎを使って，たて3cm，横4cmの長方形をかきましょう。 (20点)

びっくりランキング
世界一周《いっしゅう》を初《はじ》めてなしとげたのは，ポルトガル人のマゼラン（マガリャンイス）のたんけん隊《たい》だよ。1519年に出発，1522年にたどり着くという長い旅だったんだ。

垂直《すいちょく》と平行(1)

学習日　月　日　　とく点　点

1 2本の直線が，下の図のように交わっています。三角じょうぎの直角の部分を使って，㋐～㋒の角のうち，直角であるものを全部えらんで記号で答えましょう。 (全部できて13点)

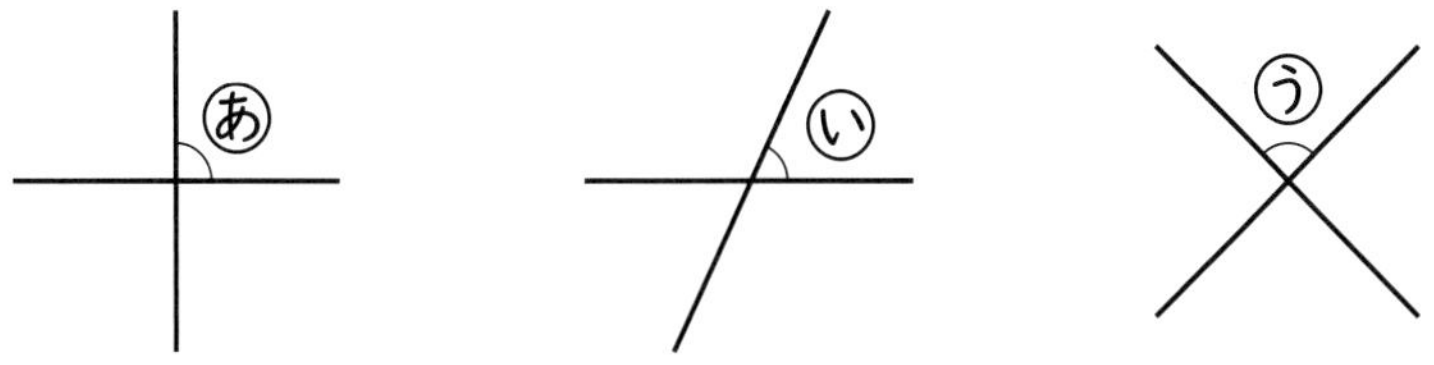

(　　　　)

2 2本の直線が垂直《すいちょく》になっているのはどれですか。全部えらんで記号で答えましょう。㋒は直線をのばして調べましょう。 (全部できて13点)

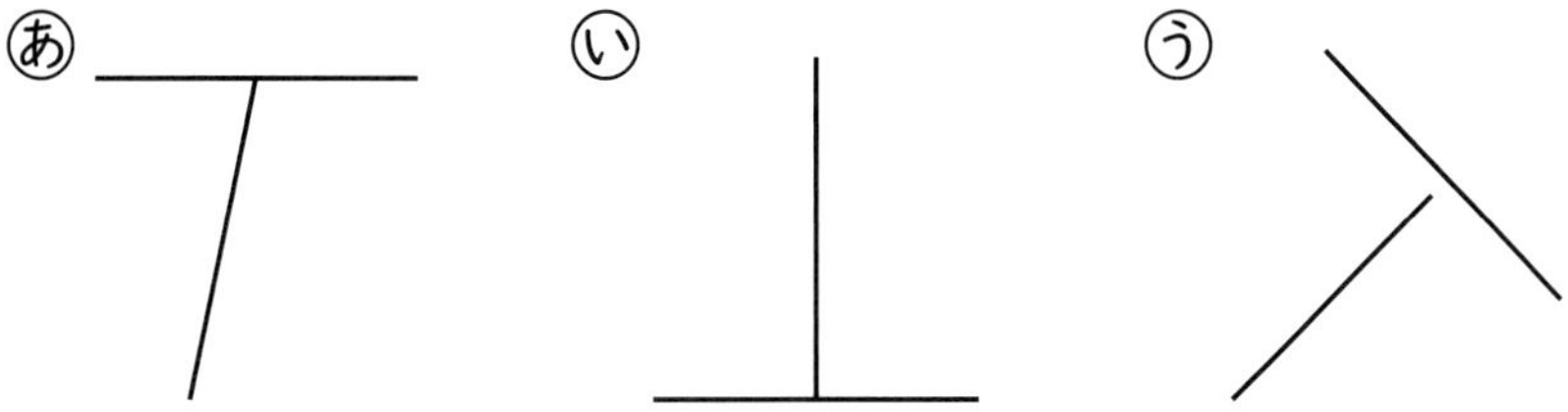

(　　　　)

3 右の図について，次の問題に答えましょう。 (1つ13点)

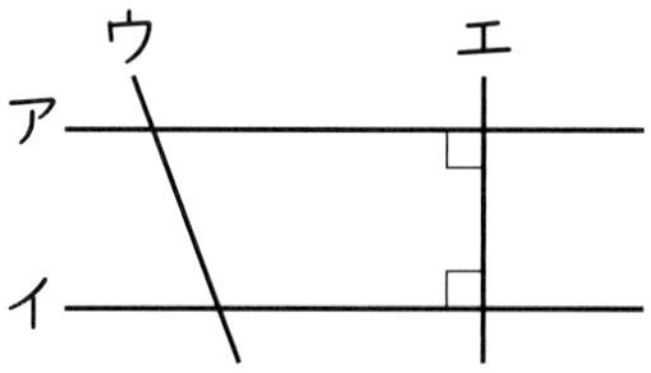

① 直線エに垂直《すいちょく》な直線はどれとどれですか。

(　　　と　　　)

② 平行な直線はどれとどれですか。

(　　　と　　　)

4 右の図で，直線アと直線イは平行です。次の問題に答えましょう。 (1つ16点)

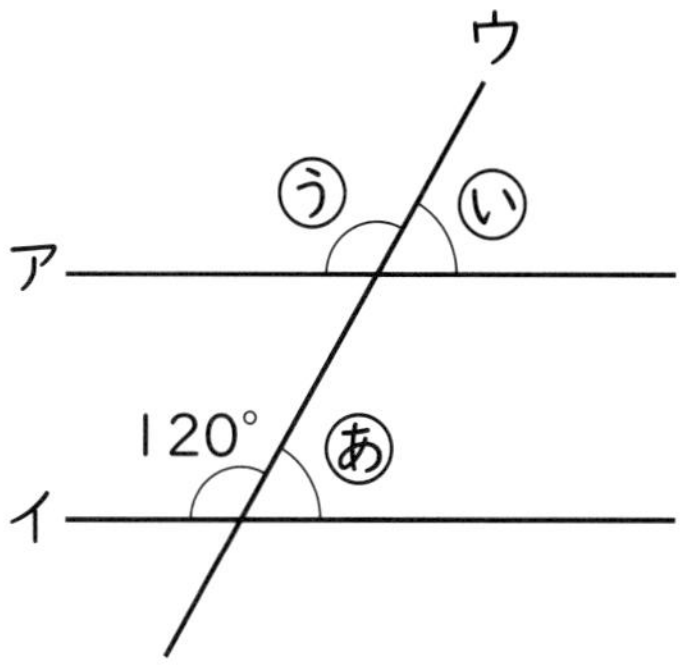

① ㋒の角度は何度ですか。

(　　　　)

② ㋐の角度は何度ですか。

(　　　　)

③ 角㋐と等しい角度の角はどれですか。

(　　　　)

わくわく情報　冷《つめ》たい氷が手にくっついてしまうのは，手の表面についていた水分が，急にこおるからだよ。

算数 15回

角の大きさ(2)

学習日　月　日　　とく点　点

1 直線アイのアの点に分度器《ぶんどき》の中心を重ねて，次の大きさの角をかきましょう。　（1つ16点）

① 30°

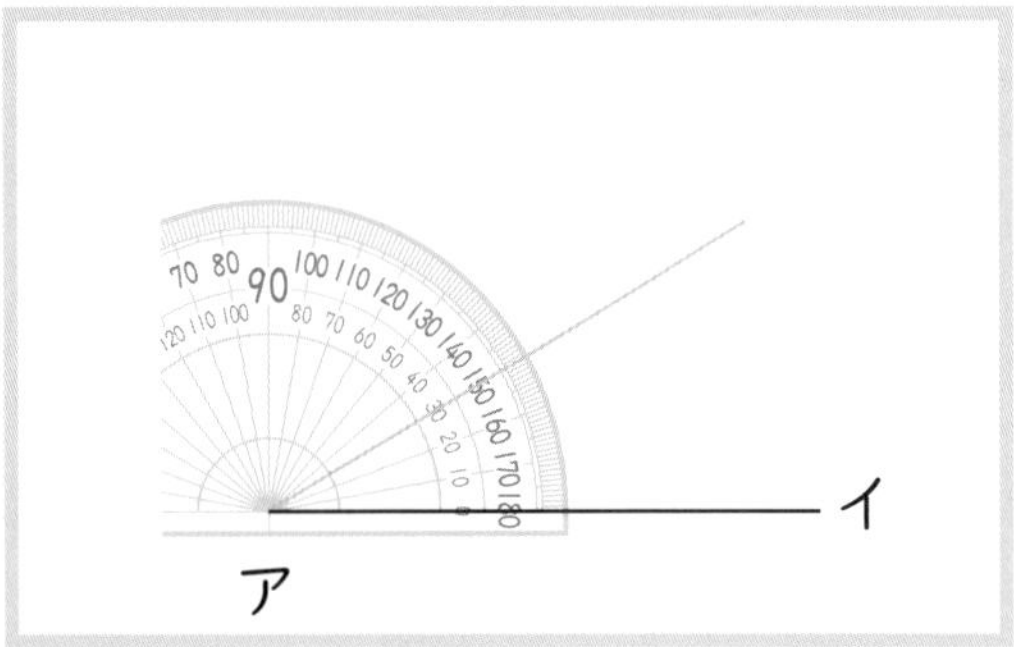

② 70°

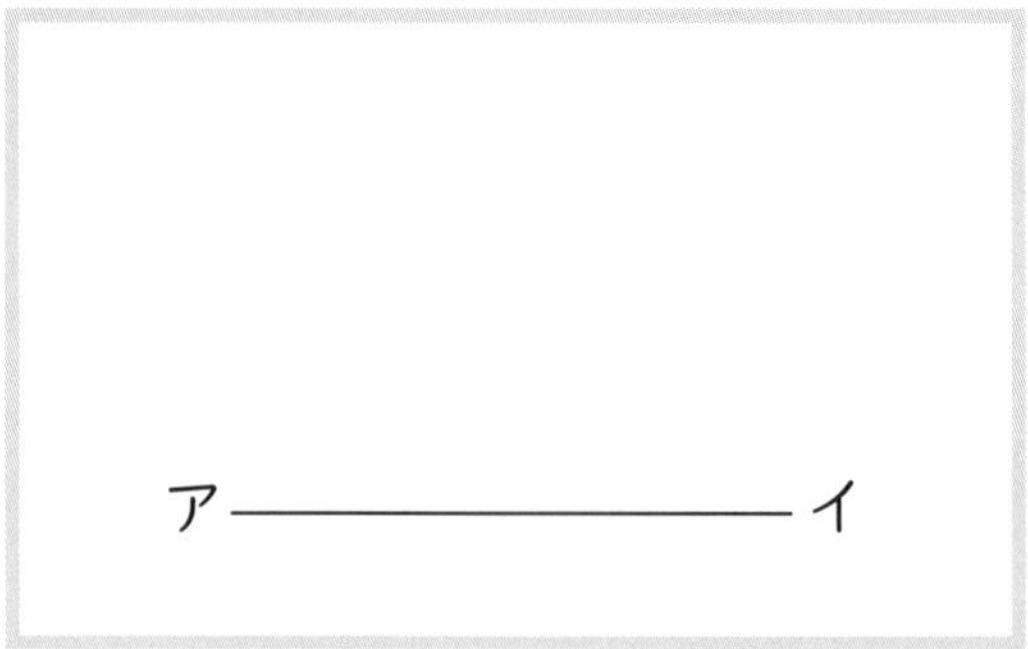

2 分度器《ぶんどき》を使って，次のような三角形をかきましょう。　（1つ18点）

①

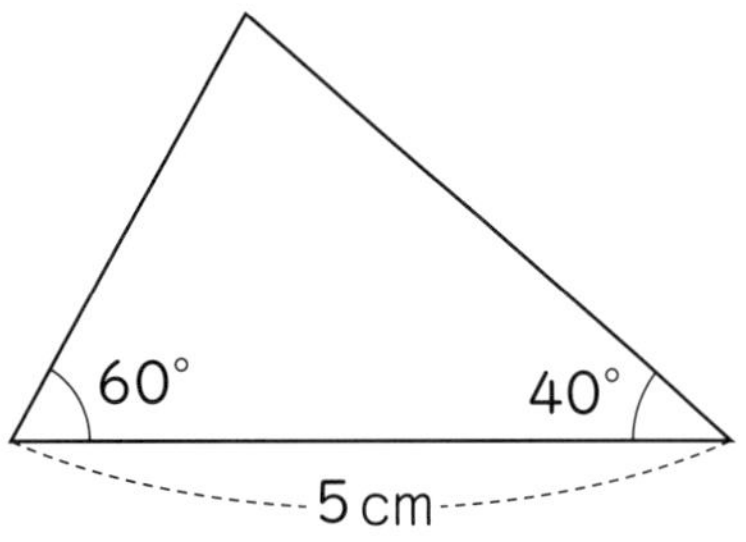

②

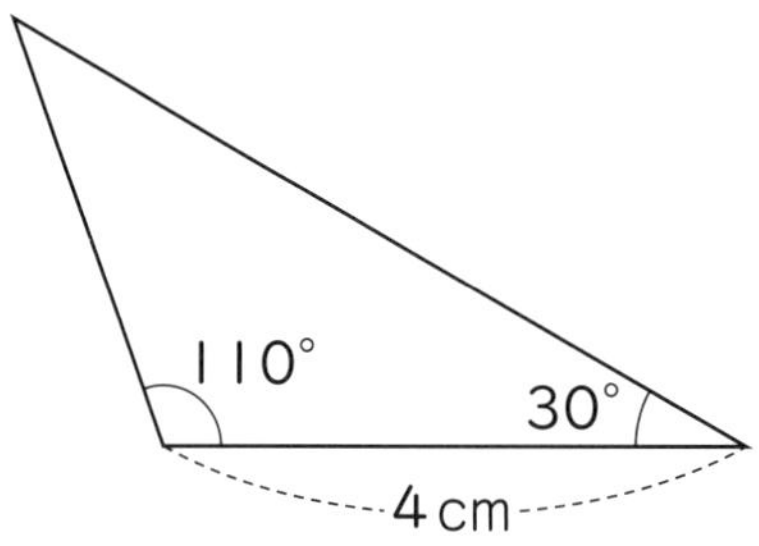

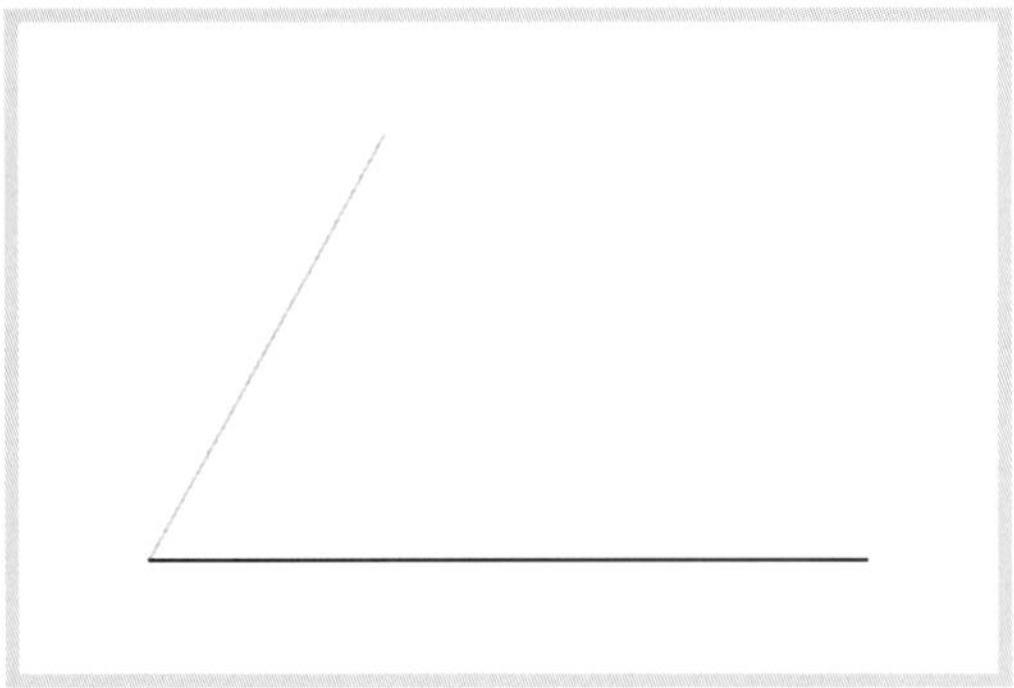

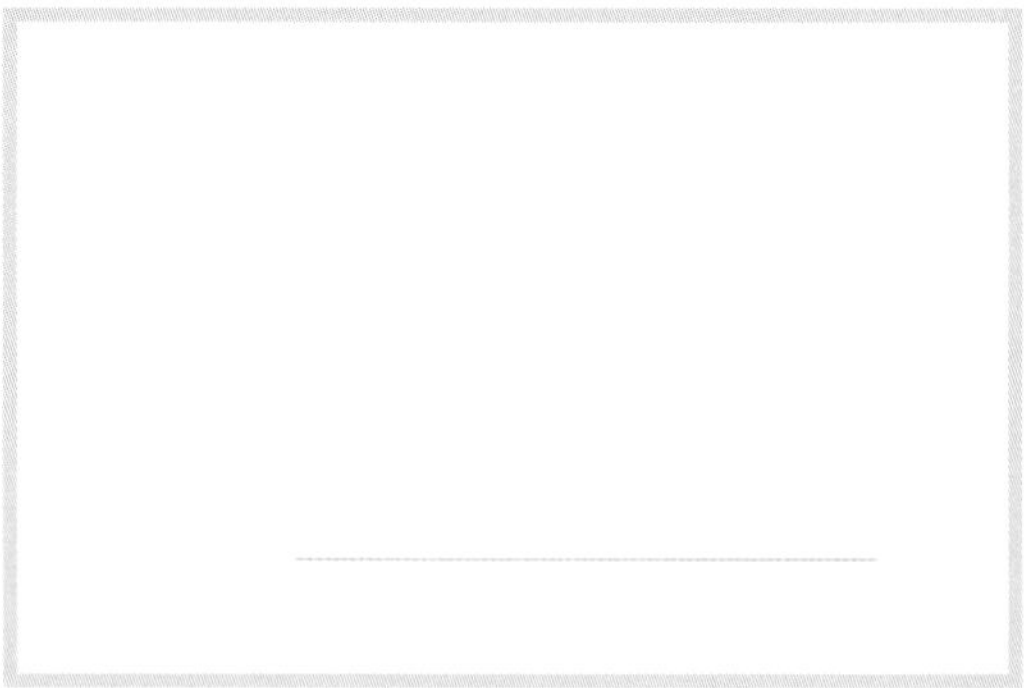

3 下の図は，2まいの三角じょうぎを組み合わせたものです。　（1つ16点）

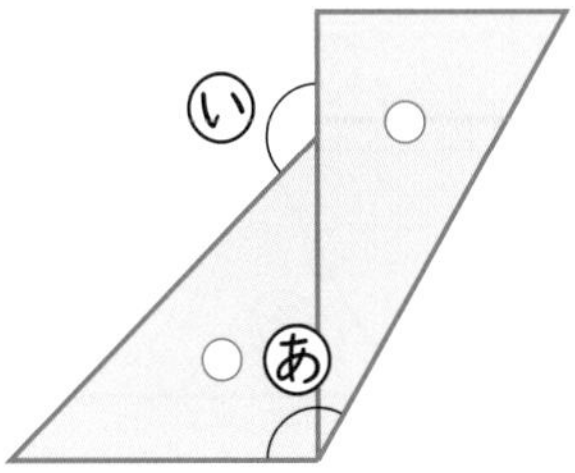

① あの角度は何度ですか。

式

答え（　　　）

② いの角度は何度ですか。

式

答え（　　　）

びっくりランキング　世界の川の長さベスト3は，1位《い》ナイル川（アフリカ），2位《い》アマゾン川（南アメリカ），3位《い》長江《ちょうこう》〈揚子江《ようすこう》〉（中国《ちゅうごく》）だよ。

角の大きさ(1)

学習日 月 日　とく点 点

1 次の□にあてはまる数を書きましょう。（1つ6点）

① 直角の大きさは □° です。

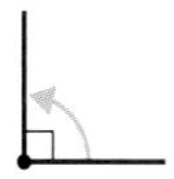

② 半回転の角度は □° です。

③ 1回転の角度は □° です。

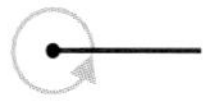

2 分度器《ぶんどき》を使って，角度をはかりました。次のあ，いの角度は何度ですか。（1つ6点）

① 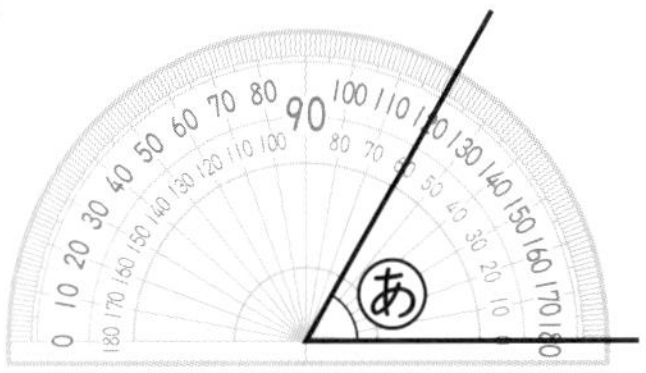

（　　　）

② 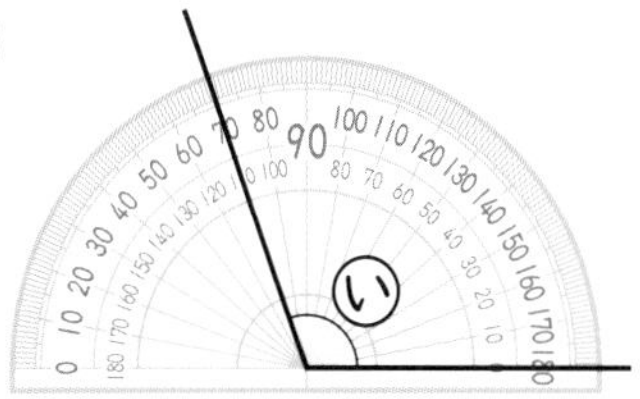

（　　　）

3 三角じょうぎの角の大きさを分度器《ぶんどき》ではかって求《もと》めましょう。（□1つ7点）

① 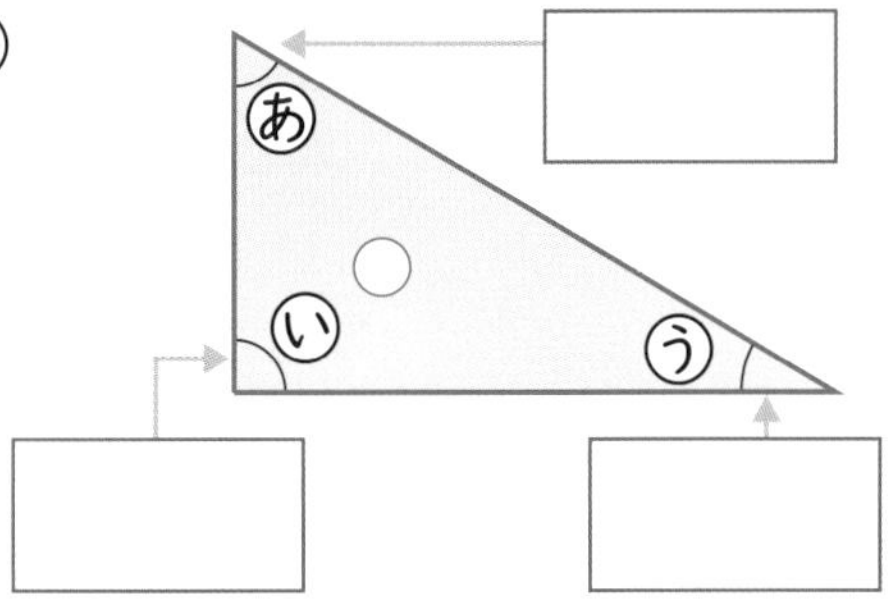

② 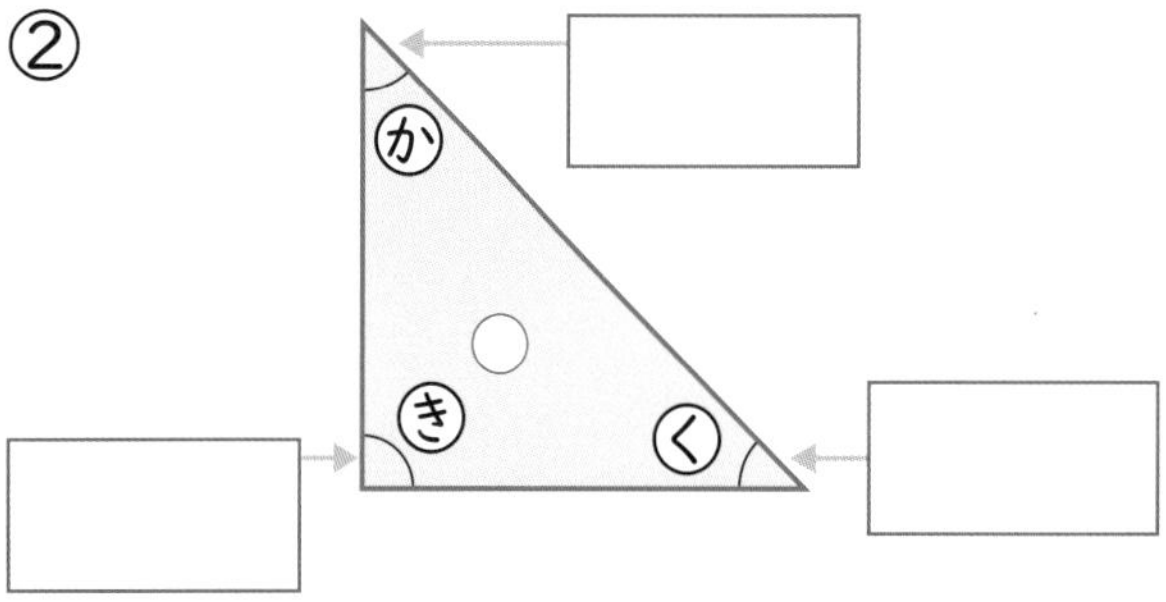

4 分度器《ぶんどき》を使って，次の角度をはかりましょう。（1つ7点）

① 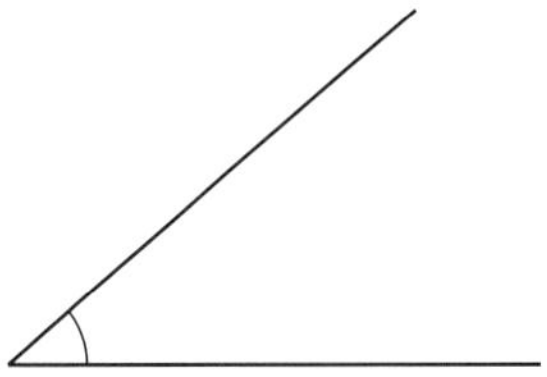
（　　　）

② 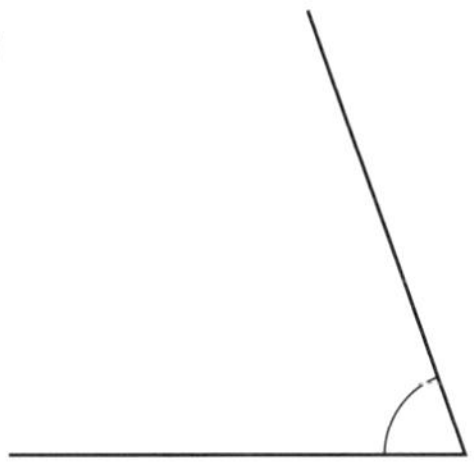
（　　　）

③ 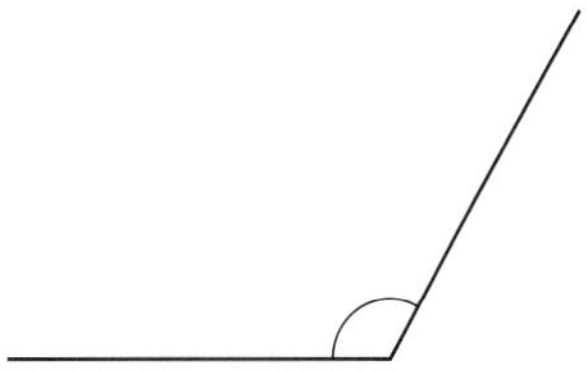
（　　　）

④ 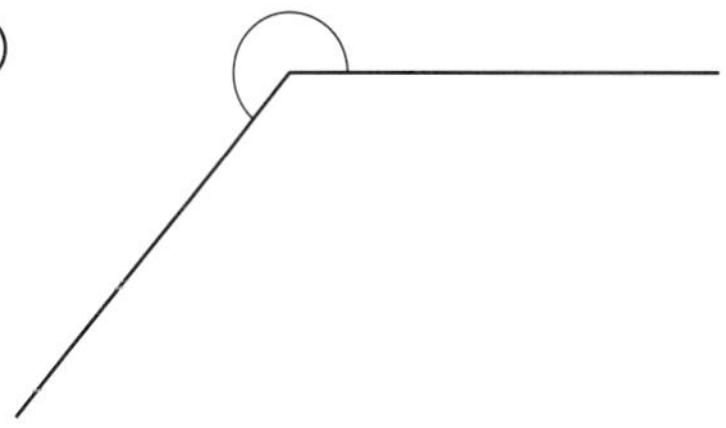
（　　　）

わくわく情報
梅《うめ》ぼしが赤くなったのは江戸時代《えどじだい》の終わりごろ。赤くない梅《うめ》ぼしは平安時代《へいあんじだい》からあったよ。

13回 小数(4)

学習日　　月　　日　　とく点　　点

1 次の計算をしましょう。　（1つ2点）

① $0.8-0.2=$

② $0.8-0.5=$

③ $2.8-1.6=$

④ $3.4-1.7=$

⑤ $2.1-0.7=$

2 次の計算をしましょう。　（1つ4点）

① $$\begin{array}{r} 2.4 \\ -\ 1.2 \\ \hline \end{array}$$

② $$\begin{array}{r} 3.5 \\ -\ 1.6 \\ \hline \end{array}$$

③ $$\begin{array}{r} 2.6 \\ -\ 0.8 \\ \hline \end{array}$$

④ $$\begin{array}{r} 2.4 \\ -\ 1.8 \\ \hline \end{array}$$

⑤ $$\begin{array}{r} 13.4 \\ -\ \ 1.5 \\ \hline \end{array}$$

⑥ $$\begin{array}{r} 3.5 \\ -\ 1.5 \\ \hline \square.\cancel{0} \end{array}$$

⑦ $$\begin{array}{r} 8 \\ -\ 6.9 \\ \hline \end{array}$$

⑧ $$\begin{array}{r} 16.3 \\ -\ \ 5.7 \\ \hline \end{array}$$

⑨ $$\begin{array}{r} 12.3 \\ -\ \ 2.7 \\ \hline \end{array}$$

3 次の計算をしましょう。　（1つ6点）

① $$\begin{array}{r} 2.74 \\ -\ 1.51 \\ \hline \square.\square\square \end{array}$$

② $$\begin{array}{r} 4.41 \\ -\ 2.25 \\ \hline \end{array}$$

③ $$\begin{array}{r} 7.62 \\ -\ 3.92 \\ \hline \end{array}$$

④ $$\begin{array}{l} \ \ 3.59 \\ -\ 2.3 \\ \hline \end{array}$$

⑤ $$\begin{array}{l} \ \ 5.38 \\ -\ 2.5 \\ \hline \end{array}$$

⑥ $$\begin{array}{l} \ \ 4.38 \\ -\ 3.6 \\ \hline \end{array}$$

⑦ $$\begin{array}{l} \ \ 2.6 \\ -\ 0.67 \\ \hline \end{array}$$

⑧ $$\begin{array}{l} \ \ 8 \\ -\ 6.29 \\ \hline \end{array}$$

⑨ $$\begin{array}{l} \ \ 9 \\ -\ 8.42 \\ \hline \end{array}$$

びっくりランキング　世界の湖の大きさベスト３は，１位《い》カスピ海（ユーラシア），２位《い》スペリオル湖（北アメリカ），３位《い》ビクトリア湖（アフリカ中央部）だよ。

算数

12回 小数(3)

学習日		とく点
月	日	点

1 次の計算をしましょう。 (1つ2点)

① 0.4＋0.2＝

② 0.4＋0.5＝

③ 0.4＋0.6＝

④ 1.5＋2.3＝

⑤ 2.5＋3.6＝

2 次の計算をしましょう。 (1つ4点)

①　2.4
＋1.3

②　2.5
＋1.5
□.~~0~~

③　2.6
＋2.7

④　3.6
＋0.5

⑤　13.6
＋　2.8

⑥　13.8
＋　3.2

⑦　4.6
＋17.9

⑧　14.6
＋　8

⑨　9
＋8.4

★

3 次の計算をしましょう。 (1つ6点)

①　5.14
＋1.23
□.□□

②　4.49
＋1.23

③　4.15
＋1.35
□.□~~0~~

④　3.25
＋7.19

⑤　0.54
＋0.49

⑥　7.92
＋5.48

⑦　18.6
＋　0.71

⑧　4
＋7.03

⑨　15
＋　9.24

わくわく情報《じょうほう》

日本人が初《はじ》めて牛にゅうを飲んだのは645年（飛鳥時代《あすかじだい》）ごろ。現在《げんざい》の韓国《かんこく》から来た人が天《てん》のうにおくったといわれているよ。

小数(2)

学習日　　月　　日　　とく点　　点

1 次の数は，1，0.1，0.01，0.001 をいくつあわせた数ですか。□にあてはまる数を書きましょう。（□1つ4点）

① 2.645 は，1 を □ つ，0.1 を □ つ，0.01 を □ つ，0.001 を □ つあわせた数です。

② 3.907 は，1 を □ つ，0.1 を □ つ，0.01 を □，0.001 を □ つあわせた数です。

2 1.732 について，次の位《くらい》の数字を書きましょう。（1つ4点）

① $\frac{1}{100}$の位《くらい》(小数第《しょうすうだい》二《に》位《い》)（　　）　② $\frac{1}{1000}$の位《くらい》(小数第《しょうすうだい》三《さん》位《い》)（　　）

3 次の数を書きましょう。（1つ4点）

① 0.001 の 10 倍（　　）
② 0.01 の 10 倍（　　）
③ 0.1 の 10 倍（　　）
④ 1 の$\frac{1}{10}$（　　）
⑤ 0.1 の$\frac{1}{10}$（　　）
⑥ 0.01 の$\frac{1}{10}$（　　）

4 0.29 を 10 倍，100 倍，$\frac{1}{10}$にした数を書きましょう。（1つ4点）

① 10 倍した数（　　）　② 100 倍した数（　　）　③ $\frac{1}{10}$にした数（　　）

5 下の数直線をみて，次の数を答えましょう。（1つ6点）

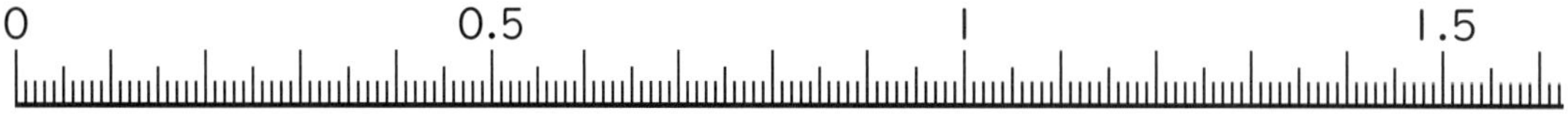

① いちばん小さい 1 めもりが表している大きさ（　　）
② 0.5 より 0.07 大きい数（　　）
③ 1.35 を表すめもりに↓をかきましょう。
④ 0.01 を 118 集めた数（　　）

びっくりランキング
日本の湖の深さベスト 3 は，1 位《い》田沢湖《たざわこ》（秋田県《あきたけん》），2 位《い》支笏湖《しこつこ》（北海道《ほっかいどう》），3 位《い》十和田湖《とわだこ》（青森県《あおもりけん》・秋田県《あきたけん》）だよ。

小数(1)

学習日　月　日　とく点　点

1 次の水のかさは何Lですか。小数で表しましょう。（1つ3点）

① 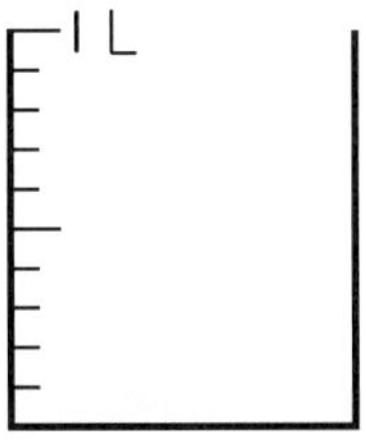

(　　　)L

② 

(0.01)L

③ 

(　　　)L

2 次の数は，0.01Lをいくつ集めたかさですか。（1つ5点）

① 0.04L (　　　)　② 0.1L (　　　)　③ 0.12L (　　　)　④ 1.12L (　　　)

3 次の↑のめもりにあてはまる長さは何mですか。小数で表しましょう。（1つ3点）

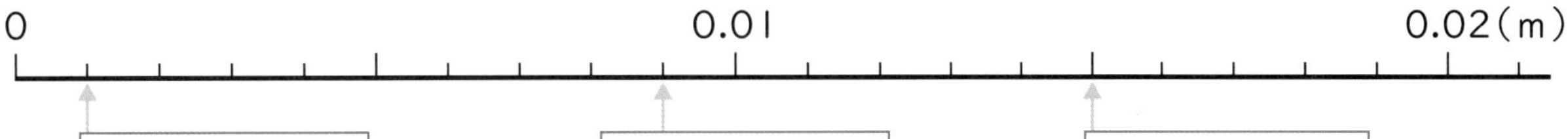

① 0.001 m　② 　　m　③ 　　m

4 次の数は，0.001mをいくつ集めた長さですか。（1つ5点）

① 0.002m (　　　)　② 0.01m (　　　)　③ 0.013m (　　　)　④ 0.123m (　　　)

5 次の□にあてはまる小数を書きましょう。（1つ6点）

① 100gは1kgの$\frac{1}{10}$で，□kgです。

② 10gは0.1kgの$\frac{1}{10}$で，□kgです。

③ 1gは0.01kgの$\frac{1}{10}$で，□kgです。

6 次の長さや重さを，〔　〕の中の単位《たんい》で表しましょう。（1つ6点）

① 152cm〔m〕(　　　)　② 0.64km〔m〕(　　　)

③ 1425g〔kg〕(　　　)　④ 2kg37g〔kg〕(　　　)

わくわく情報　さされるとかゆいカ。実は血をすうのは，たまごを産《う》む必要《ひつよう》のあるめすだけだよ。

算数 9回

折《お》れ線グラフ

学習日　　月　　日　　とく点　　点

1　1年間の月べつの気温を調べて，右の折《お》れ線グラフに表しました。　(　)1つ10点

(度)1年間の気温のかわり方

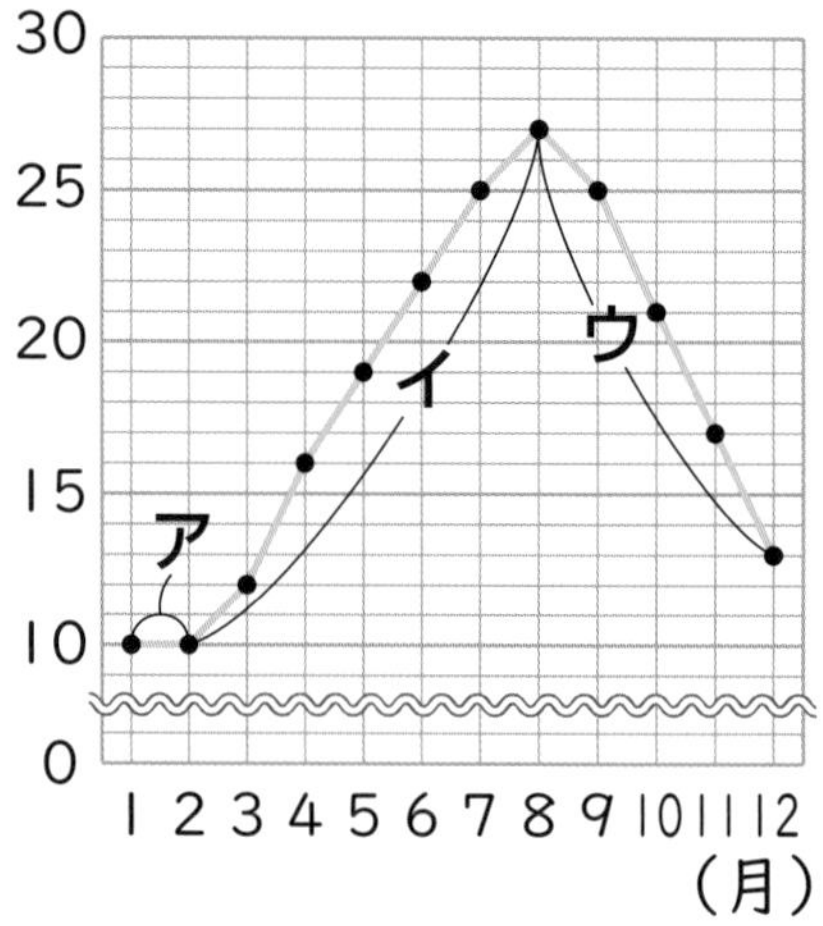

①　折《お》れ線グラフの横とたてのじくは，それぞれ何を表していますか。

横(　　　　　)

たて(　　　　　)

②　たてのじくの1めもりは，何度を表していますか。

(　　　　　)

③　4月の気温は何度ですか。

(　　　　　)

④　グラフの**ア**～**ウ**のところで，気温のかわり方はどうなっていますか。下のあ～うからあてはまるものをえらんで，記号で答えましょう。

〔あ　ふえる(上がる)　　い　へる(下がる)　　う　かわらない〕

ア(　　　　)　**イ**(　　　　)　**ウ**(　　　　)

2　下の表は，れんさんの体重を4月から9月まで毎月同じ日に調べたものです。　1つ10点

れんさんの体重

月	4	5	6	7	8	9
体重(kg)	25.4	25.8	25.8	26.6	26.8	27.2

れんさんの体重

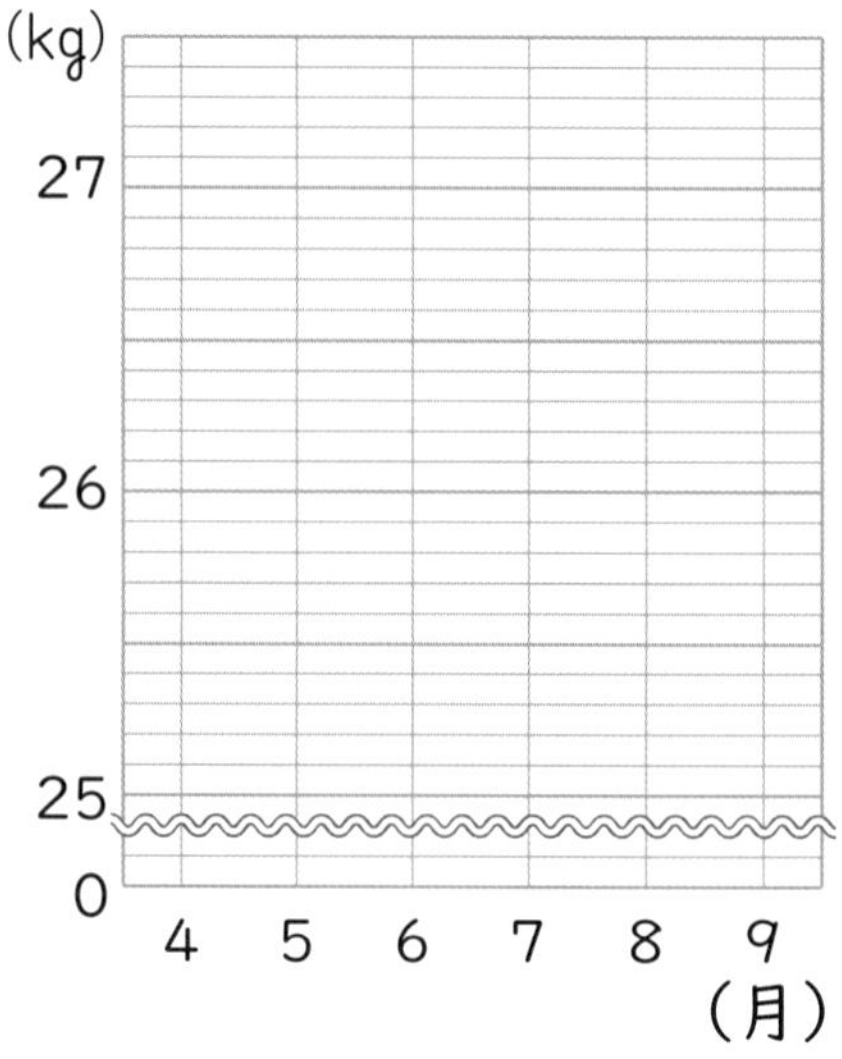

①　右に折《お》れ線グラフをかきましょう。

②　体重がかわらなかったのは，何月から何月の間ですか。

(　　　　　)

③　1か月間の体重のふえ方がいちばん大きかったのは，何月から何月の間ですか。

(　　　　　)

びっくりランキング

日本で一番大きなヘビはアオダイショウで，全長1.5～2.5メートルくらいあるよ。

算数 8回

わり算(5)

学習日		とく点
月	日	点

1 次の計算をしましょう。　(1つ3点)

① 8)608
② 9)630
③ 3)306
④ 3)318
⑤ 2)618
⑥ 4)812
⑦ 3)816
⑧ 7)819
⑨ 5)820
⑩ 5)945
⑪ 6)720
⑫ 3)750

☆

2 次の計算をしましょう。　(1つ4点)

① 2)871　□□□…□
② 2)245
③ 3)458
④ 4)634
⑤ 5)333
⑥ 6)333
⑦ 4)401
⑧ 7)401
⑨ 9)401
⑩ 3)853
⑪ 5)853
⑫ 8)853
⑬ 3)320
⑭ 4)422
⑮ 7)732
⑯ 9)260

わくわく情報《じょうほう》　こん虫には人間のような血管《けっかん》がない。体のすき間を体液《たいえき》が流れているよ。

わり算(4)

学習日	とく点
月　日	点

1 次の計算をしましょう。 （1つ4点）

① 2)246
② 2)240
③ 2)624
④ 3)369
⑤ 3)960
⑥ 4)448
⑦ 2)230
⑧ 4)456

2 次の計算をしましょう。 （1つ4点）

① 3)120
② 4)120
③ 8)120
④ 2)128
⑤ 4)128
⑥ 5)130
⑦ 6)168
⑧ 7)168

☆ **3** 次の計算をしましょう。 （1つ3点）

① 2)224
② 4)228
③ 6)234
④ 3)348
⑤ 5)345
⑥ 7)364
⑦ 8)368
⑧ 9)378
⑨ 2)436
⑩ 7)462
⑪ 8)464
⑫ 9)468

びっくりランキング

クジラは海をもぐるのが得意《とくい》。そのなかでもマッコウクジラは，１時間以上《いじょう》も息をとめ，1000メートル以上《いじょう》の深さまでもぐれるよ。

算数 6回

わり算(3)

学習日　月　日　とく点　点

1 次の計算をしましょう。（1つ3点）

① 2)52

② 4)52

③ 4)56

④ 7)56

⑤ 3)63

⑥ 9)63

⑦ 2)72

⑧ 4)72

⑨ 3)84

⑩ 7)84

⑪ 4)96

⑫ 8)96

2 次の計算をしましょう。（1つ4点）

① □…□ 2)13

② □□…□ 2)25

③ 2)31

④ 2)37

⑤ 3)37

⑥ □□…□ 3)53

⑦ 3)55

⑧ 4)47

⑨ 4)53

⑩ 5)52

⑪ 6)74

⑫ 4)86

⑬ 2)91

⑭ 4)91

⑮ 8)91

⑯ 3)91

わくわく情報《じょうほう》　セミが鳴く時間はしゅるいによって少しちがうよ。同じしゅるいの仲間《なかま》を見つけやすくするためだよ。

算数 5回

わり算(2)

学習日	とく点
月　日	点

1 わり算をしましょう。

（1問全部できて2点）

① 12÷2＝□ ──（ひっ算）──→ 2)12 　（答えの□ ←ここに答えを書きます。）

② 14÷3＝□…□ ─（ひっ算）→ 3)14 　（□…□ ←ここにあまりを書きます。）

└「…」はあまりを表します。

2 次の計算をしましょう。

（1つ4点）

① 2)12 　□

② 3)15

③ 4)24

④ 5)25

⑤ 7)28

⑥ 9)36

⑦ 2)15 　□…□

⑧ 3)20 　□…□

⑨ 6)37

⑩ 7)44

⑪ 8)50

⑫ 9)76

3 次の計算をしましょう。

（1つ4点）

① 2)26 　□□

② 2)28

③ 2)42

④ 2)30 　1□

⑤ 2)32

⑥ 2)38

⑦ 3)36

⑧ 3)45

⑨ 4)64

⑩ 5)75

⑪ 6)96

⑫ 4)92

びっくりランキング

日本で一番高い山は富士山《ふじさん》の3776メートル。2位《い》は北岳《きただけ》の3193メートル，3位《い》は奥穂高岳《おくほたかだけ》と間ノ岳《あいのだけ》の3190メートルだよ。

算数 4回

わり算(1)

学習日	とく点
月　日	点

1 次の計算をしましょう。

（1つ2点）

① 18÷2＝	⑥ 49÷7＝	⑪ 24÷4＝
② 24÷3＝	⑦ 56÷8＝	⑫ 30÷6＝
③ 32÷4＝	⑧ 54÷9＝	⑬ 42÷7＝
④ 35÷5＝	⑨ 16÷2＝	⑭ 48÷8＝
⑤ 42÷6＝	⑩ 21÷3＝	⑮ 72÷9＝

2 次の計算をしましょう。

（1つ3点）

① 60÷2＝30	⑥ 100÷5＝
② 60÷3＝	⑦ 140÷7＝
③ 80÷2＝	⑧ 160÷8＝
④ 80÷4＝	⑨ 180÷6＝
⑤ 90÷3＝	⑩ 180÷9＝

☆3 次の計算をしましょう。

（1つ4点）

① 200÷4＝50	⑥ 300÷5＝
② 200÷5＝	⑦ 350÷7＝
③ 240÷4＝	⑧ 360÷4＝
④ 240÷8＝	⑨ 480÷8＝
⑤ 280÷7＝	⑩ 540÷9＝

わくわく情報《じょうほう》

ラッコは大食い。体重の４分の１もの量《りょう》の食べ物を１日で食べるよ。水の中でくらすので，体温を保《たも》つためにたくさん食べなくてはならないんだよ。

算数 3回

大きな数(3)

学習日　月　日　とく点　点

1 下の数直線の□にあてはまる数を書きましょう。　□1つ3点

①

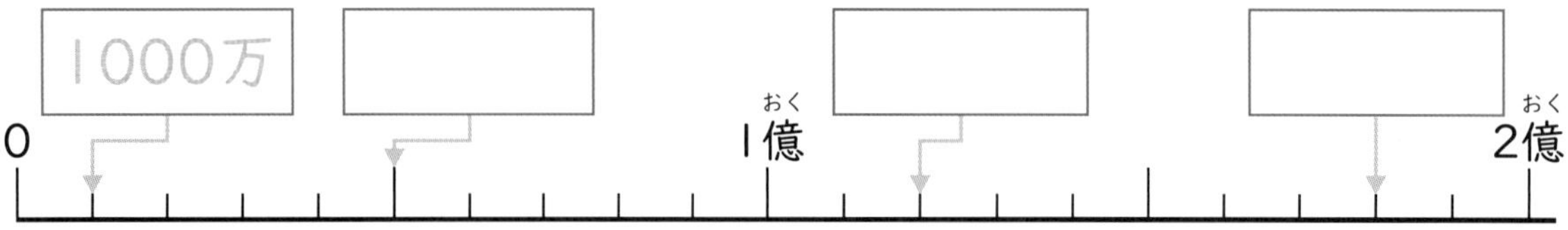

②

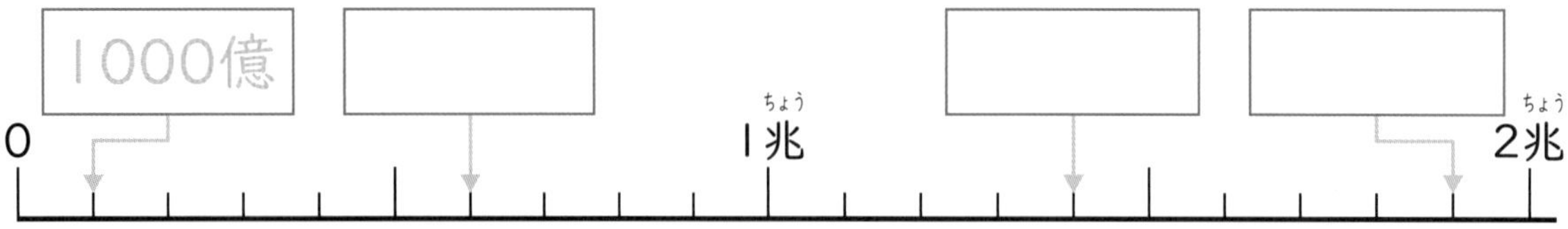

2 次の2つの数の大小を，不等号《ふとうごう》を使って表しましょう。　1つ4点

① 25485000 □ 25498000　② 370000000 □ 307000000

③ 7500億《おく》 □ 7490億《おく》　④ 9500億《おく》 □ 1兆《ちょう》

3 次の□にあてはまる数を書きましょう。　1つ4点

① 10億《おく》は1億《おく》の□倍　② 10兆《ちょう》は1兆《ちょう》の□倍

③ 100億《おく》は1億《おく》の□倍　④ 1000億《おく》は10億《おく》の□倍

⑤ 1000億《おく》は100億《おく》の□倍　⑥ 1兆《ちょう》は1000億《おく》の□倍

4 次の数を10倍した数を書きましょう。　1つ4点

① 40億《おく》（400億）　② 600億《おく》（　　）

③ 50兆《ちょう》（　　）　④ 8兆《ちょう》（　　）

5 次の数を10でわった数を書きましょう。　1つ5点

① 40億《おく》（　　）　② 600億《おく》（　　）

③ 50兆《ちょう》（　　）　④ 8兆《ちょう》（　　）

びっくりランキング　風の強さを「風力」というよ。風力は0～12までの13階級にわけられているよ。